职业教育改革创新教材

Qiche Kongtiao Xitong Weixiu
汽车空调系统维修

(第3版)

庞柳军　吴高飘　主　　编
段　群　邹胜聪　何兆峰　副主编
　　　　　　　朱　军　丛书总主审

人民交通出版社股份有限公司
北京

内 容 提 要

本书是职业教育改革创新教材之一,主要内容包括:空调制冷剂的检查和加注、出风口风量不足故障的检修、压缩机异响故障的检修、手动空调出风口无冷风故障的检修、自动空调出风口无冷风故障的检修、制冷不足故障的检修。

本书可作为中等职业院校汽车运用与维修专业的教材,也可供汽车维修及相关技术人员参考阅读。

图书在版编目(CIP)数据

汽车空调系统维修/庞柳军,吴高飘主编. —3 版. —北京:人民交通出版社股份有限公司,2021.1
ISBN 978-7-114-16913-7

Ⅰ. ①汽… Ⅱ. ①庞…②吴… Ⅲ. ①汽车空调—车辆修理—中等专业学校—教材 Ⅳ. ①U472.41

中国版本图书馆 CIP 数据核字(2020)第 207639 号

职业教育改革创新教材
书　　名:汽车空调系统维修(第 3 版)
著 作 者:庞柳军　吴高飘
责任编辑:侯力文
责任校对:孙国靖　龙　雪
责任印制:张　凯
出版发行:人民交通出版社股份有限公司
地　　址:(100011)北京市朝阳区安定门外外馆斜街 3 号
网　　址:http://www.ccpcl.com.cn
销售电话:(010)59757973
总 经 销:人民交通出版社股份有限公司发行部
经　　销:各地新华书店
印　　刷:北京市密东印刷有限公司
开　　本:787×1092　1/16
印　　张:8.5
字　　数:171 千
版　　次:2012 年 1 月　第 1 版
　　　　　2016 年 1 月　第 2 版
　　　　　2021 年 1 月　第 3 版
印　　次:2021 年 1 月　第 3 版　第 1 次印刷　累计第 9 次印刷
书　　号:ISBN 978-7-114-16913-7
定　　价:22.00 元

(有印刷、装订质量问题的图书由本公司负责调换)

职业教育改革创新教材编委会

（排名不分先后）

主　　任：刘建平（广州市交通运输职业学校）
　　　　　杨丽萍（阳江市第一职业技术学校）
副 主 任：黄关山（珠海城市职业技术学院）　　周志伟（深圳市宝安职业技术学校）
　　　　　邱今胜（深圳信息职业技术学院）　　朱小东（中山市沙溪理工学校）
　　　　　侯文胜（顺德职业技术学院）　　　　韩彦明（佛山市华材职业技术学校）
　　　　　庞柳军（广州市交通运输职业学校）　程和勋（中山市中等专业学校）
　　　　　冯　津（广州合赢教学设备有限公司）邱先贵（广东文舟图书发行有限公司）
委　　员：谢伟钢、赵镇武、孟婕、曾艳（深圳市龙岗职业技术学校）
　　　　　李博成（深圳市宝安职业技术学校）
　　　　　罗雷鸣、陈根元、马征（惠州工业科技学校）
　　　　　邱勇胜、何向东（清远市职业技术学校）
　　　　　李洪泳（江门市新会机电职业技术学校）
　　　　　刘武英、陈德磊、阮威雄、江珠（阳江市第一职业技术学校）
　　　　　苏小举、孙永江、李爱民（珠海市理工职业技术学校）
　　　　　陈凡主（中山市沙溪理工学校）
　　　　　刘小兵（广东省轻工高级职业技术学校）
　　　　　许志丹、谭智男、陈东海、任丽（佛山市华材职业技术学校）
　　　　　欧阳可良、马涛（佛山市顺德区中等专业学校）
　　　　　周德新、张水珍（河源理工学校）
　　　　　谢立梁（广州市番禺工贸职业技术学校）
　　　　　范海飞、闫勇（广东省普宁职业技术学校）
　　　　　温巧玉（广州市白云行知职业技术学校）
　　　　　冯永亮、巫益平（佛山市顺德区郑敬怡职业技术学校）
　　　　　王远明、郑新强（东莞理工学校）
　　　　　程树青（惠州商业学校）
　　　　　高灵聪（广州市信息工程职业学校）
　　　　　黄宇林、邓津海（广东省理工职业技术学校）
　　　　　张江生（湛江机电学校）
　　　　　任家扬（中山市中等专业学校）
　　　　　邹胜聪（深圳市第二职业技术学校）
丛书总主审：朱　军

第3版前言
PREFACE TO THE THIRD EDITION

"十二五"期间,人民交通出版社以职教专家、行业专家、学校教师、出版社编辑"四结合"的模式开发出了"职业教育改革创新示范教材",受到广大职业院校师生的欢迎。

为了紧跟汽车行业发展趋势,更好地适应汽车类专业实际教学需求,2015—2016年,人民交通出版社股份有限公司组织修订,出版了本套教材的第2版。2019年12月,人民交通出版社股份有限公司吸收教材使用院校教师的意见和建议,组织相关老师,对已出版的"职业教育改革创新示范教材"再次进行了全面修订,对个别不能完全适应学校教学的教材进行了重新整合,更新了教材内容,并对教材中的错漏之处进行了修正。

该套教材将先进的教学内容、教学方法与教学手段有效地结合起来,形成课本、课件(部分课程配有)和数字资源(部分课程配有)三位一体的立体教学模式。

《汽车空调系统维修》是其中一本,此次修订,根据行业标准《汽车空调制冷剂回收、净化、加注工艺规范》(JT/T 774—2010),在第2版的基础上增加了使用设备对制冷剂进行检验、回收、净化和加注工艺流程,从维修工艺上严格遵守国家对制冷剂回收、再利用的要求,培养学生的环保意识;更新了书中部分图片;对不严谨的文字表述进行了修改;配套的电子课件也进行了修订。

本书的修订分工与第2版一致。感谢各位编者为教材修订所做的工作。

限于编者的经历和水平,书中难免有不妥或错误之处,敬请广大读者批评指正,提出修改意见和建议,以便重印或再版时改正。

职业教育改革创新教材编委会
2020年5月

目录 CONTENTS

学习任务一 空调制冷剂的检查和加注 / 1

一、资料收集 ·· 2
二、实施作业 ··· 12
三、评价与反馈 ·· 23
四、学习拓展 ··· 24

学习任务二 出风口风量不足故障的检修 / 26

一、资料收集 ··· 27
二、实施作业 ··· 35
三、评价与反馈 ·· 42
四、学习拓展 ··· 43

学习任务三 压缩机异响故障的检修 / 44

一、资料收集 ··· 45
二、实施作业 ··· 60
三、评价与反馈 ·· 67
四、学习拓展 ··· 68

学习任务四 手动空调出风口无冷风故障的检修 / 70

一、资料收集 ··· 71
二、实施作业 ··· 81

三、评价与反馈 ………………………………………………………………… 91
　　四、学习拓展 …………………………………………………………………… 92

学习任务五　自动空调出风口无冷风故障的检修　/　93

　　一、资料收集 …………………………………………………………………… 94
　　二、实施作业 ………………………………………………………………… 105
　　三、评价与反馈 ……………………………………………………………… 112
　　四、学习拓展 ………………………………………………………………… 112

学习任务六　制冷不足故障的检修　/　114

　　一、资料收集 ………………………………………………………………… 115
　　二、实施作业 ………………………………………………………………… 117
　　三、评价与反馈 ……………………………………………………………… 125
　　四、学习拓展 ………………………………………………………………… 126

参考文献　/　127

学习任务一
空调制冷剂的检查和加注

学习目标

完成本学习任务后,你应当能:
1. 叙述汽车空调系统的基本组成;
2. 叙述汽车空调制冷系统的组成与工作原理;
3. 叙述制冷剂的作用和特性;
4. 正确使用制冷剂检查、加注仪器和工具;
5. 在教师指导下,规范完成制冷剂的检查和加注。

 建议完成本学习任务的时间为 16 课时。

 学习任务描述

一辆配置手动空调的卡罗拉 2014 款 1.6GL 轿车,车主反映:开空调时制冷不足。经初步检查,发现制冷剂不足,需要进一步检查制冷系统泄漏情况,并加注制冷剂。

学习内容

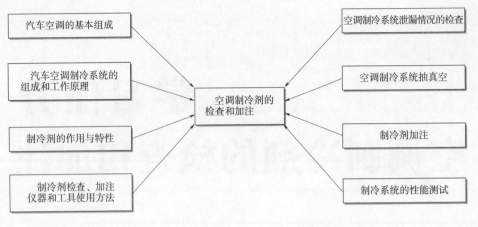

一、资 料 收 集

引导问题 1 汽车空调系统有哪些作用？由哪些部分组成？

汽车空调的作用是通过对汽车车厢内的空气进行冷却、加热、净化或过滤，使之满足乘坐人员舒适性的需要。汽车空调给车内乘员创造舒适环境，减少疲劳，提高汽车行驶安全性及运输效率。汽车空调系统由制冷系统、采暖系统、通风与空气净化系统和控制系统组成，如图1-1所示。

1 制冷系统

制冷系统由汽车发动机提供动力（纯电动汽车由电动机提供动力），发动机通过传动带使压缩机转动。制冷系统的部件主要分布在发动机舱和车厢内，如图1-2所示。

汽车空调制冷系统主要由制冷循环和电气控制两大部分组成。制冷循环系统由压缩机、冷凝器、蒸发器、储液干燥器和膨胀阀等总成组成，各总成通过管路连接，形成一个密封的系统，如图1-3所示。

学习任务一　空调制冷剂的检查和加注

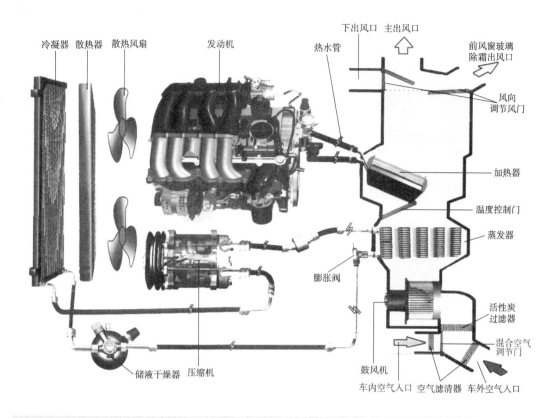

图1-1　汽车空调系统组成

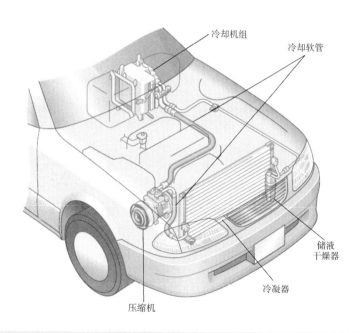

图1-2　制冷系统在发动机舱内的部件分布图

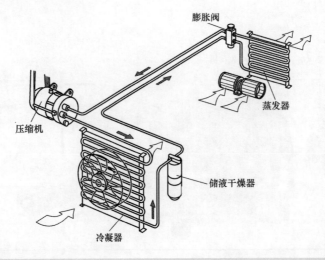

图1-3 制冷循环系统的组成

2 采暖系统

采暖系统由加热器芯、鼓风机、水管、水阀和操纵系统等组成,如图1-4所示。

汽车采暖系统通常以发动机冷却液作为热源,也可用电加热器作为热源。卡罗拉轿车同时采用发动机冷却液和电加热器作为热源,在加热器芯上加一个正温度系数(PTC)加热器,当冷却液温度较低时,电流流过PTC加热器使温度在短时间内快速上升,如图1-5所示。冷却液温度达到80℃后,主要由冷却液供热。

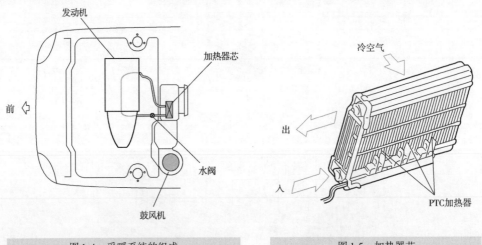

图1-4 采暖系统的组成   图1-5 加热器芯

PTC加热器利用PTC热敏电阻作为一个加热元件,当温度达到80℃左右时,PTC电阻将突然增大,流过电流骤减到极小。

PTC加热器具有恒温发热、无明火、热转换效率高、受电源电压影响极小、自然寿命长等优点。

3 通风与空气净化系统

通风与空气净化系统由进风口、过滤器、鼓风机、蒸发器、风门、出风口等组成，如图1-6所示。

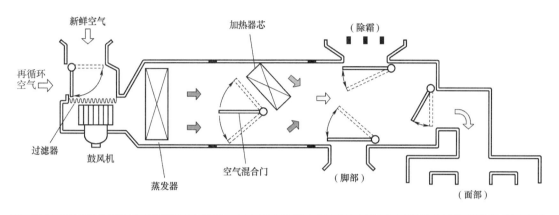

图1-6 通风与空气净化系统

4 控制系统

控制系统主要由空调电子控制单元（ECU）、传感器、执行器等组成。图1-7所示为某汽车空调控制系统电路图，其功能是根据操作指令以及所收集的各种信息控制空调工作状态。

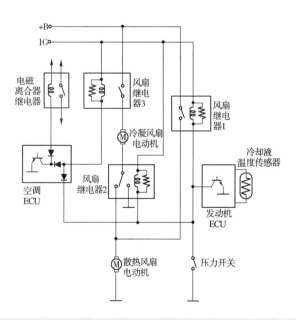

图1-7 汽车空调控制系统电路图

引导问题 2 汽车空调的功能是给车内乘员创造舒适环境,什么样的环境让人感到舒适?如何实现?

人体感觉舒适的温度范围为 21~26℃,相对湿度为 45%~50%。根据人体生理特点,头部对冷比较敏感,夏季冷风吹到头部比吹到身体其他部位感到舒服,头脑也容易保持清醒。而冬季,足部对热比较敏感,只要足部暖和了,全身都会感到舒服。因此,出风口的布置要求遵循"头凉足暖"的原则。

汽车空调通过整体或局部地调节温度、湿度和风量,为乘客创造一个最佳的环境,如图 1-8 所示。

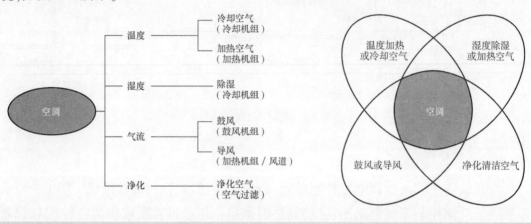

图 1-8 汽车空调功能

引导问题 3 汽车空调有哪些类型?

汽车空调根据空调机组安装的位置和控制方式,划分为前置空调机、后置空调机、顶置空调机、手动空调机和自动空调机 5 种,如图 1-9 所示。

图 1-9 汽车空调的分类

1 前置空调机组

冷却机组安装在仪表板的内部并与加热机组相连,如图 1-10 所示。

2 后置空调机组

后置空调机组安装在行李舱中,如图 1-11 所示。

后置空调机组和前置空调机组一起使用,可以达到最佳的环境温度控制,这种空调系统还被称为后置双空调机组。

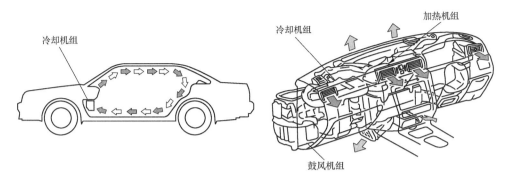

图 1-10　前置空调机组的安装位置图

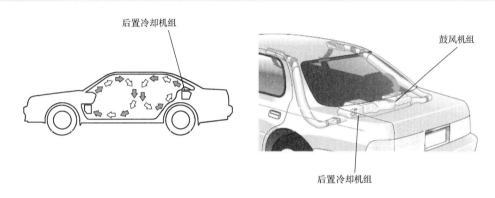

图 1-11　后置空调机组的安装位置图

3 顶置空调机组

顶置空调机组安装在车顶，如图 1-12 所示。

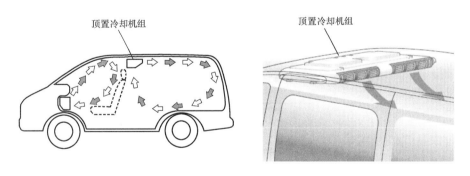

图 1-12　顶置空调机组的安装位置图

顶置空调机组和前置空调机组一起使用，可将处理后的空气送到车厢的前部和顶部吹出，使车厢内的空气分布均匀，这种空调系统被称为顶置空调机组。顶置空调机组通常用于客车或厢式货车。

4 手动空调

手动空调是指乘客通过拨动车厢中的控制杆实现车厢温度和湿度控制。乘客通过控制杆或开关,可以控制风量、从车内或者车外吸入空气,以及关闭或者开启通风口。控制面板如图1-13所示。

5 自动空调

自动空调由空调系统的电脑控制,通过对阳光的影响或周围温度的改变进行自动补偿来维持乘客预先所设定的温度。控制面板如图1-14所示。

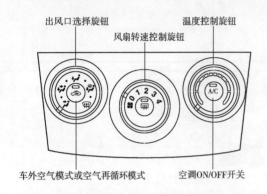

图1-13 卡罗拉轿车手动空调控制面板

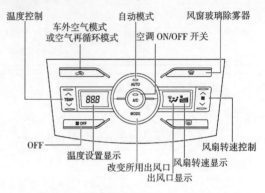

图1-14 卡罗拉轿车自动空调控制面板

引导问题4 汽车空调的主要功能是调节车厢内的温度,它是如何实现的?

1 温度与热

温度是表示物体冷热程度的物理量。

热是能量的一种,所有物体都含有热。

当物体的热量升高或降低时,其温度和状态会改变。伴随物体状态变化的热量被称为潜热,物体依靠这些改变来散发或吸收热量。如图1-15所示,液体蒸发成气体的过程中从周围环境吸收热量,从而使周围环境温度下降;如图1-16所示,空气中的水蒸气被杯子中的冰水吸取热量而冷凝形成水滴。

2 空调制冷原理

蒸发液体从周围环境吸收热量使车厢温度下降,如果让蒸发后的液体(气体)排放到空气中并不补充液体的话系统会难以为继。为此,应该使蒸发的气体冷却,然后再液化并使之循环流动,如图 1-17 所示。

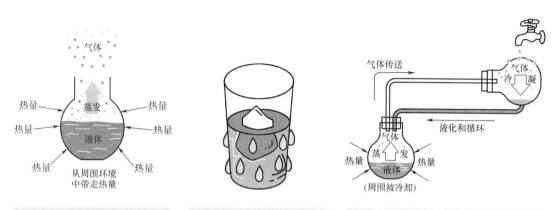

图 1-15 液体吸热蒸发示意图　　图 1-16 气体放热冷凝示意图　　图 1-17 制冷系统工作模型

为使气体变成液体,就必须使气体释放出热量,如果气体在高压下被压缩的话,液化就相对容易些。在空调系统中,利用压缩机给气体加压,再用冷凝器从气体中吸收热量。

在制冷系统中,将极易蒸发的液体(即制冷剂)密封在系统管路内,制冷剂在系统内循环流动,重复地进行气体、液体的转变。制冷剂先是吸收车厢内空气的热,然后流到车厢外释放热,从而使车厢内温度下降达到制冷目的,如图 1-18 所示。

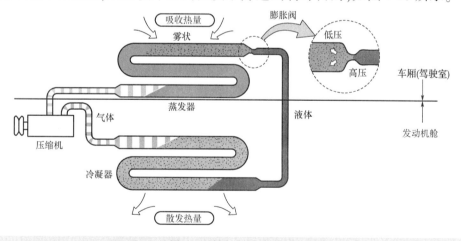

图 1-18 制冷系统工作原理

引导问题 5 制冷剂是制冷系统实现制冷循环的工作介质,当前汽车空调使用什么物质作制冷剂?

汽车空调用制冷剂有二氯二氟甲烷(R12)和四氟乙烷(R134a),如图 1-19 所示,早期汽车空调以 R12 为制冷剂,但由于 R12 中包含氯氟烃(CFCs)物质,对大气臭氧层有严重的破坏作用,危及人类的健康和生态环境,很多国家已禁用 R12 作为汽车

图1-19 汽车空调制冷剂

空调制冷剂。目前，R134a 已经取代 R12。

R134a 是一种安全性好、无色、无味、不燃烧、不爆炸、基本无毒性、化学性质稳定、无腐蚀性的物质。虽然 R134a 对大气臭氧层没有破坏作用，但它是加剧温室效应的气体，所以，在对制冷系统部件维修前及制冷剂更换时，要使用专用设备回收制冷剂。

温室效应机理：阳光照射到地球上，被地球表面吸收并转化为热。大气中的温室气体阻止热量释放到太空，地面保持过多的热量使地球温度上升，如图1-20 所示。地球的温度与过去的 20～30 年相比急剧升高，预计到 21 世纪末，地球的平均温度将升高约 2℃，全球变暖对生态系统、食物生产、水资源等产生不利影响。

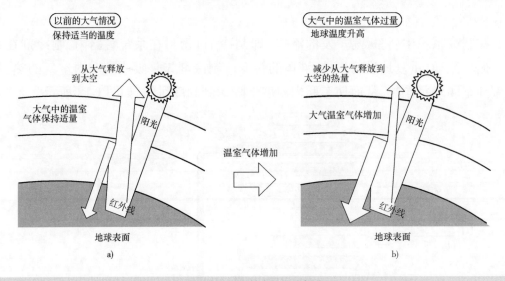

图1-20 温室效应机理示意图

在对制冷剂加注或回收时，要注意以下安全事项：

（1）戴防护眼镜，避免液态制冷剂进入眼睛。制冷剂能瞬间冻结眼球中的水分，有可能导致失明。另外，避免液态制冷剂接触到手，会引起冻伤。

（2）安装和拆卸检修罐或歧管压力表时，严禁靠近脸部操作，防止制冷剂（液态）喷出溅到人脸上造成严重伤害。

（3）避免制冷剂接触明火或高温零件部位，制冷剂遇到明火或高温会转化为有害气体。

（4）不要在封闭空间进行作业，要特别注意维修车间通风。

引导问题6 在对空调系统维修时,你应熟知制冷剂循环系统维修作业工艺流程。

根据行业标准《汽车空调制冷剂回收、净化、加注工艺规范》(JT/T 774—2010),制冷剂相关的作业工艺流程如图1-21所示。

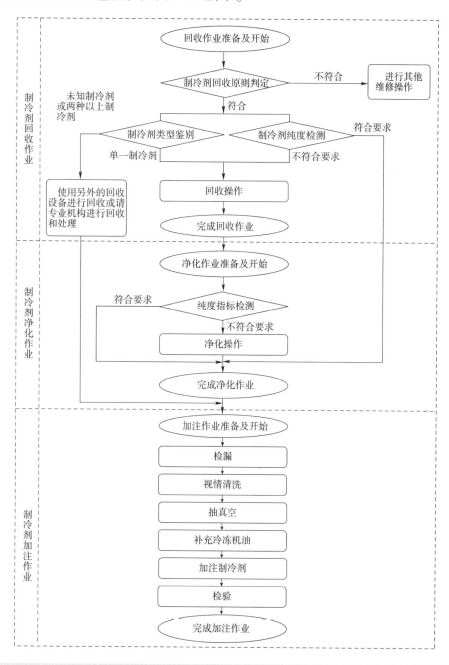

图1-21 制冷剂回收、净化、加注工艺流程

二、实施作业

引导问题 7 制冷剂加注作业需要哪些工具、设备和材料?

(1) 磁力护裙、转向盘护套、变速杆手柄套、脚垫、座椅套和干净抹布。
(2) 歧管压力表、真空泵、电子检漏仪。
(3) R134a 制冷剂。
(4) 卡罗拉轿车维修手册。
(5) 制冷剂鉴别仪(16910)及操作手册。
(6) 制冷剂回收加注机(AC350C)及操作手册。
(7) 歧管压力表。

引导问题 8 通过查询和查找,填写以下信息。

生产年份_____,车辆号牌_____,行驶里程_____,发动机型号及排量_____,车辆识别代号(VIN)_____。

引导问题 9 对车辆维修作业前的准备工作有哪些?

(1) 汽车进入工位前,将工位清理干净,准备好相关的器材。
(2) 铺设脚垫,套上座椅套、转向盘护套、变速杆手柄套。
(3) 拉紧驻车制动器操纵杆,并将变速杆置于空挡或驻车挡(P挡)位置。
(4) 在车内拉动发动机舱盖手柄,在车外打开并支撑发动机舱盖。
(5) 粘贴翼子板和前脸磁力护裙。

引导问题 10 在对空调系统进行制冷剂加注作业之前,要先检测确认制冷剂是否不足,如何进行检测?

1 检测用设备——歧管压力表

(1) 歧管压力表组成如图 1-22 所示:低压表及软管是蓝色,接头与系统低压检修阀连接;高压表及软管是红色,接头与系统高压检修阀连接;中间软管是黄色,与真空泵或制冷剂罐相接通。

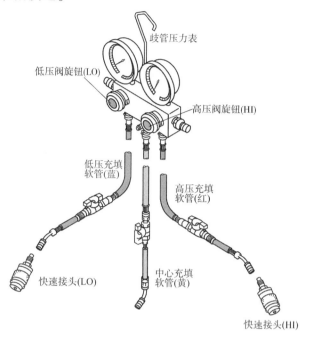

图1-22 歧管压力表组成

(2)歧管压力表结构如图1-23所示。转动歧管压力表前面的旋钮可以打开和关闭阀门。LO代表低压阀,HI代表高压阀。通过打开和关闭高低压阀,可以形成4种管路连接状态,如图1-24所示。

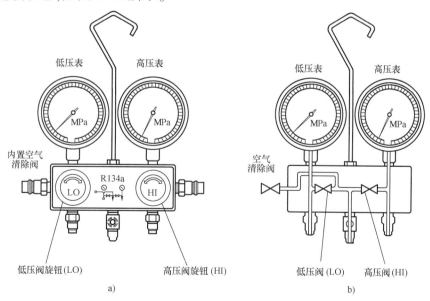

图1-23 歧管压力表结构

2 用歧管压力表检测制冷系统压力

（1）安装歧管压力表。关闭低压阀（LO）、高压阀（HI），将高、低压软管的快速接头分别安装在空调制冷循环的高、低压侧检修阀上，如图1-25所示。

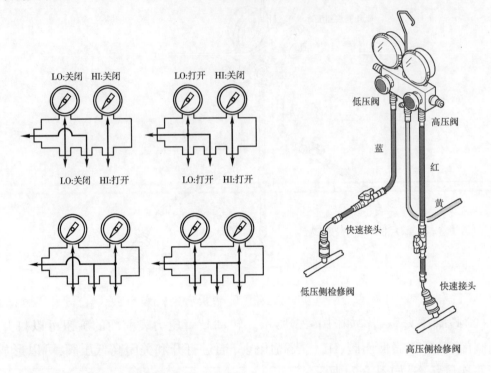

图1-24 4种管路连接状态　　　　图1-25 歧管压力表的连接

（2）起动发动机并以1500r/min的转速运转，车门全开，打开空调开关，鼓风机转速控制开关置于"4"挡位置，温度调节旋钮置于"最冷"位置，内循环开关置于🚗位置。

（3）记录测量结果。观察并记录高、低压力表读数，高压表读数_____MPa，低压表读数_____MPa。查维修手册可知，卡罗拉1.6GL AT轿车标准值为：低压侧压力为0.15~0.25MPa，高压侧压力为1.37~1.57MPa。比较测量值和标准值，如果高、低压测量值都比标准值低，表明空调系统中制冷剂的储量不足。

> **引导问题11**　如果检查发现制冷剂不足，有可能是由于泄漏引起，如何对制冷系统进行泄漏检查？

凡涉及制冷剂循环系统的作业，在维修前，均应对制冷装置中的制冷剂进行回收。采用回收设备进行制冷剂回收，按设备使用手册进行管路连接及操作。回收前,应将软管中的空气排尽。

检漏的方法有以下几种。

1 目视检漏法

目视检漏法是指通过观察制冷系统中可能泄漏的部位是否存在油污痕迹的一种检漏方法。因为制冷剂通常与冷冻机油互溶,如果存在泄漏现象,冷冻机油会随制冷剂一起泄漏,所以在泄漏处一般有油迹和油垢。图1-26所示为制冷系统常见的泄漏点。

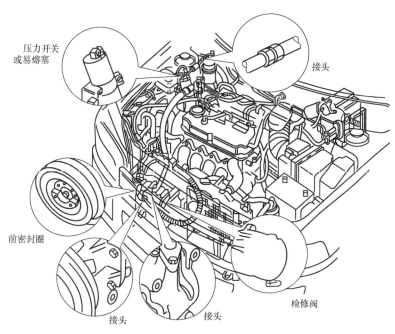

图1-26 常见的泄漏点

2 肥皂水检漏法

肥皂水检漏法是指在检漏时,在制冷系统中充入1.5MPa的氮气,用毛刷或棉纱蘸肥皂水涂抹在被检查部位,察看被检查部位是否有气泡产生的一种检漏方法,如图1-27所示。若被检查部位有气泡产生,说明这个部位是泄漏处。

3 电子检漏仪检漏法

电子检漏仪检漏法是指使用电子检漏仪进行检查制冷系统某部位是否有泄漏的一种检漏方法。电子检漏仪有多种操作方式,其中最常用的方式如下:开启电子检漏仪时,可以听到轻微的嘀嘀声,当电子检漏仪的探头检测到泄漏处时,嘀嘀声的频率会加快。

在制冷系统中充入0.5~1.5MPa氮气或0.35~0.5MPa制冷剂。使用电子检漏仪的操作过程中,探头的头部应距元器件或接头处约5mm,如图1-28所示。不要让探头的尖端直接接触元器件或接头,那样可能产生读数出错,损坏探头。

图1-27 肥皂水检漏法

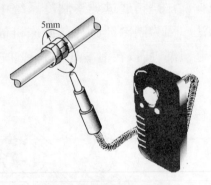

图1-28 电子检漏仪检漏法

图1-29 紫外线荧光检漏方法

4 紫外线荧光系统检漏法

紫外线荧光系统检漏法是将一种荧光色染料注入制冷系统,运行10~15min后,用一盏特制的紫外线灯照射制冷系统的每个元器件。如果被检查部位发生泄漏,色彩染料就会发出明亮的荧光,如图1-29所示。这种方法对检测微小的泄漏效果明显。

在对制冷系统进行泄漏检查之后,如发现存在泄漏现象,需对泄漏点进行相应的维修作业。

引导问题12 在对制冷剂循环系统进行维修之前,如何进行制冷剂类型的鉴别和纯度的检测?

根据行业标准《汽车空调制冷剂回收、净化、加注工艺规范》(JT/T 774—2010),制冷剂回收、净化、加注设备与制冷装置连接前,应进行制冷剂类型的鉴别和纯度的检测。制冷剂鉴别仪(16910)如图1-30所示,是一款鉴别制冷剂类型和检测制冷剂纯度的仪器,它能够鉴别出制冷剂属于R12还是R134a,如果制冷剂是R12、R134a两者混合物或者含有空气,仪器可显示其百分比含量。

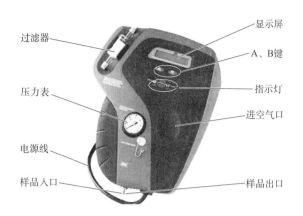

图1-30 制冷剂鉴别仪(16910)

查阅操作手册使用制冷剂鉴别仪(16910)进行制冷剂检测,检测结果将在仪器的显示屏上显示,如图1-31所示。

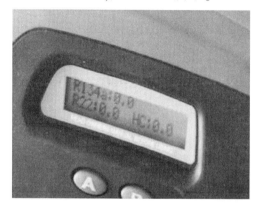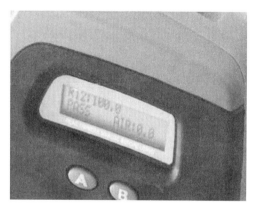

图1-31 制冷剂鉴别仪结果显示

检测结果有以下几种情况:

(1) PASS:说明样品的纯度达到98%或更高。制冷剂的种类和空气的污染程度也会同时在显示屏上显示出来。

(2) FAIL:说明样品被测定为R12或R134a的混合物,无论是R12还是R134a的纯度都没有达到98%,或者混合物太多。同时还将显示R12、R134a和空气的百分比含量。

(3) FAIL CONTAMINATED:说明测定的样品有未知制冷剂,如二氟一氯甲烷(R22)或碳氢类在混合物中的含量占4%或更多。在这种情况下,不能显示制冷剂或空气混合物的含量。

(4) NO REFRIGERANT-CHK HOSE CONN:说明测定的样品中空气含量达到90%或更高。通常情况下是因为R134a采样管的接头没有打开,采样管没有与样品来源接通,或样品来源中没有制冷剂。

对于不同的检测结果采取不同的作业流程。首先，查看发动机舱内的压缩机或膨胀阀等部件上的标牌或标识，确认系统规定的制冷剂类型（R12或R134a）并与检测结果显示的制冷剂类型相比较是否一致，只有两者一致并且制冷剂纯度达到96%以上，才能对制冷剂循环系统进行加注作业；如果两者不一致或者制冷剂纯度达不到96%以上，必须在进行回收、净化制冷剂，清洗制冷剂循环系统之后才能进行加注作业。对于出现同时含有两种制冷剂或者制冷剂中含有不明混合物的情况，需要用专门的回收设备进行回收。

小提示

制冷剂循环系统清洗必须采用回收、净化、加注设备或其他适宜的设备进行清洗，必须使用清洁、环保的清洁剂，不能使用R12或R134a等制冷剂对制冷装置进行开放性清洗。

引导问题13 如何利用专用设备对制冷循环系统进行制冷剂回收及加注作业？

由于制冷剂进入空气后不但会破坏大气臭氧层，还会引起温室效应，所以在对制冷循环系统进行维修之前，需要回收制冷剂，严禁将制冷剂直接排放到空气中。对于回收的制冷剂，如果检测达标（制冷剂纯度达到96%以上）可以再次使用，如果检测不达标（制冷剂纯度达不到96%）需要先净化至达标后再次使用。

在对制冷循环系统维修之后，空气连同水分进入制冷循环系统内，在加注制冷剂之前需要先抽真空，将空气连同水分抽干净，否则，制冷剂中的水分会在制冷系统工作时结冰，堵塞管道导致制冷系统不能正常工作。

制冷剂回收加注机（AC350C）如图1-32所示，是一款具备制冷剂回收、净化、抽真空和加注功能的专用机器，在汽车空调系统维修中，使用它可以按照行业标准工艺规范实现制冷剂回收、净化、加注等作业。

图1-32 制冷剂回收加注机（AC350C）

1　制冷剂回收

按制冷剂回收加注机（AC350C）使用说明书操作指引，进行制冷剂回收作业。图1-33所示为制冷剂回收加注机（AC350C）面板，图1-34所示为各功能控制键。

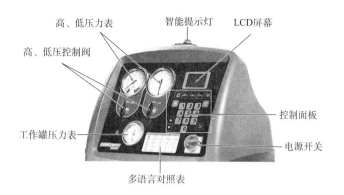

图1-33　制冷剂回收加注机(AC350C)面板

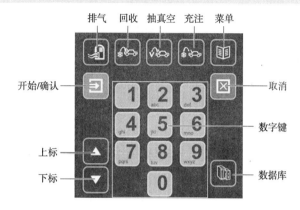

图1-34　制冷剂回收加注机(AC350C)各功能控制键

图1-35所示为显示屏显示制冷剂正在回收中。

图1-35　制冷剂回收中

2　制冷剂净化

对于回收的制冷剂先要进行纯度检测,如果纯度不达标(96%以上)需要进行净化,图1-36为使用制冷剂鉴别仪(16910)对回收的制冷剂进行检测。

制冷剂回收加注机（AC350C）具备制冷剂净化功能，通过选择功能菜单中的"制冷剂自循环"选项，实现对制冷剂进行净化。如图 1-37 所示。

图 1-36　制冷剂纯度检测

图 1-37　制冷剂自循环

3 抽真空和检漏

在加注制冷剂之前要对空调密封系统进行抽真空。

抽至系统真空度低于 -90kPa，按"取消"键停止抽真空，保持真空度至少 15min，观察压力表示值变化：（1）如果压力未上升，则认为系统密封良好；（2）如果压力有回升，则继续抽真空，如果累计抽真空时间超过 30min，压力仍回升，则可以判定制冷系统有泄漏，应进行检修。

图 1-38　选择冷冻机油

4 补充冷冻机油

空调压缩机工作时需要冷冻机油润滑，在制冷剂回收时，部分冷冻机油会随着制冷剂被抽出系统，冷冻机油的回收量可以通过冷冻机油回收罐刻度读出。另外，在更换部件时也会损失部分冷冻机油。所以，在加注制冷剂前要补充适量冷冻机油。选择与压缩机的标牌标注型号相同的冷冻机油，如图 1-38 所示。

根据确定需要补充量加注冷冻机油，如图 1-39 所示。补充量约等于回收制冷剂时分离出来的冷冻机油量加上 20mL。

学习任务一　空调制冷剂的检查和加注

图1-39　补充冷冻机油

5 加注制冷剂

加注前,检查并确保储液罐内制冷剂的质量不少于3kg,如果不足应予补充。查询设备数据库,确定制冷剂类型和加注量,或者查阅车辆维修手册确认制冷剂类型和加注量,卡罗拉轿车空调制冷剂的容量是0.56kg。选择"加注"键进入制冷剂加注工序。根据显示屏界面提示:输入制冷剂加注量,关闭低压阀、逆时针旋转低压快速接头、打开高压阀,制冷剂从高压检测口加注,如图1-40所示。

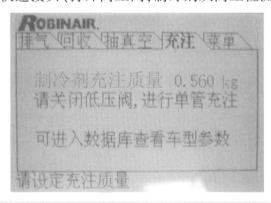
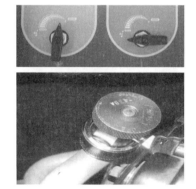

图1-40　加注制冷剂

小提示

高压侧加注时,应关闭发动机(压缩机停止运转),防止制冷剂储液罐压力过高;不建议采用低压侧加注,以避免发生"液击"现象,损坏压缩机。

小词典

液击现象:未蒸发的液态制冷剂进入压缩机后被压缩,使系统压力异常升高,容易引起压缩机阀片损坏的现象。

6 检漏

制冷剂加注完成后,起动发动机并使空调处于正常工作状态,使用检漏仪器对回注口处进行检漏,确保无泄漏。

引导问题 14 在维修作业之后,制冷系统的制冷效果如何通过性能测试进行检验?

1 压力测量

查阅相关资料掌握歧管压力表的使用方法,连接歧管压力表测量制冷循环系统高低压侧压力(图1-25)。

2 性能测试条件

按照性能测试条件表的要求做好测试准备工作,见表1-1。将干湿球温度计放置在空调进风口位置,将温度计探头放置在空调出风口内50mm处测量出风温度。

性能测试条件表 表1-1

项　目	条　件
停车位置	阴凉处
车窗、车门	全开
发动机转速	1500～2000r/min
空调状态	开启
所有出风口	全开
温度设定	最冷
风机转速	最高

3 制冷性能判定

当温度计显示数值趋于稳定后,读取压力表和温度计的显示值,将所测得的低压侧压力、相对湿度、空调进风温度、出风温度与图1-41、图1-42上的参数比较,如压力表、温度计显示值、低压侧压力和空调出风温度不在规定的范围内,说明制冷性能达不到要求,应对制冷系统做进一步的诊断和检修。

学习任务一 空调制冷剂的检查和加注

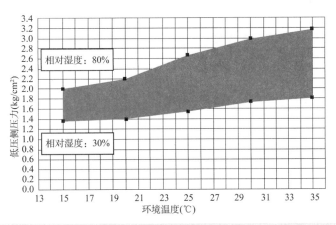

图 1-41 低压侧压力与环境温度

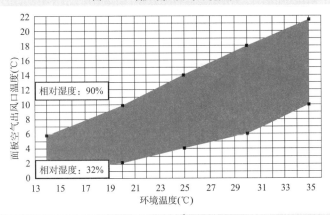

图 1-42 空调出风温度与环境温度

三、评价与反馈

(1) 对学习任务进行评价,考核项目和评分标准见表 1-2。

评 分 表　　　　　　　　　　　　　　　　表 1-2

考核项目	评分标准	分值	学生自评	小组评价	教师评价	小计
团队合作	是否和谐	5				
活动参与	是否积极主动	5				
安全生产	有无安全隐患	10				
现场5S管理	是否做到	10				
任务方案	是否正确、合理	15				
操作过程	系统泄漏情况检查 系统抽真空 制冷剂加注 制冷性能测试	30				

续上表

考核项目	评分标准	分值	学生自评	小组评价	教师评价	小计
任务完成情况	是否圆满完成	5				
工具和设备使用	是否规范、标准	10				
劳动纪律	是否能严格遵守	5				
工单填写	是否完整、规范	5				
总分		100				
教师签名：			年　月　日		得分	

（2）能向顾客提出正确使用汽车空调的建议吗？

四、学习拓展

在传统的空调维修技术中，歧管压力表是常用的维修工具，用它可以测量空压机高、低压侧压力，配合真空泵可以对系统抽真空，如图1-43所示，还可以用它加注制冷剂，如图1-44所示。查阅歧管压力表的相关使用说明，掌握其使用方法。

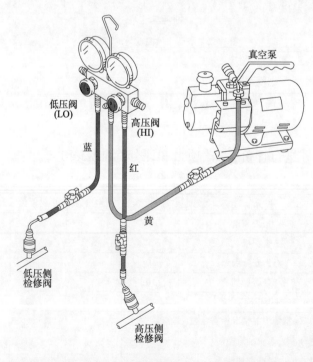

图1-43　用歧管压力表连接真空泵抽真空

学习任务一　空调制冷剂的检查和加注

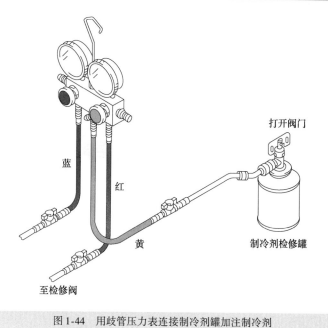

图1-44　用歧管压力表连接制冷剂罐加注制冷剂

学习任务二
出风口风量不足故障的检修

学习目标

完成本学习任务后,你应当能:
1. 叙述汽车空调通风与空气净化系统的组成和基本工作原理;
2. 叙述汽车空调采暖系统的结构与工作原理;
3. 检查汽车空调通风系统;
4. 更换空调滤清器;
5. 检修鼓风机。

建议完成本学习任务的时间为 12 课时。

学习任务描述

一辆配置手动空调的卡罗拉 2014 款 1.6GL 轿车,车主反映:开空调时风量不足。需先对空气净化系统及空调通风系统进行检查,确定故障部位并进行维修。

学习任务二　出风口风量不足故障的检修

学习内容

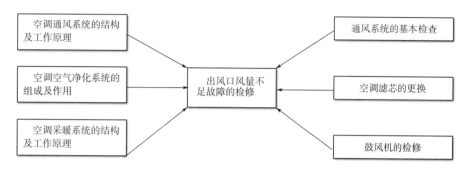

一、资 料 收 集

引导问题1　通风系统是空调系统的组成部分,它有什么作用？由哪些部分组成？

汽车空调通风系统的作用是将新鲜空气引入车内,在保持车内适宜温度的情况下,尽量提高车内空气的含氧量,并降低CO_2、灰尘、烟气等有害物质的浓度,同时将制冷、采暖和通风等功能有机地进行配合调节、输送和分配,为车内驾乘人员创造健康和舒适的环境。图2-1所示为卡罗拉轿车空调通风系统出风口分布图。

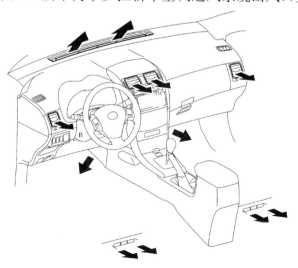

图2-1　卡罗拉轿车空调通风系统出风口分布图

1 汽车空调通风系统的结构

汽车空调通风系统一般由三部分组成:第一部分为空气进口段;第二部分为空气混合段;第三部分为空气分配段。

1 空气进口段

空气进口段主要由用来控制新鲜空气与室内循环空气的风门叶片和鼓风机组成,如图2-2所示。

2 空气混合段

空气混合段主要由加热器和蒸发器组成,通过调节流经加热器和蒸发器的空气量来调节空气温度。图2-3所示为通风系统结构图。

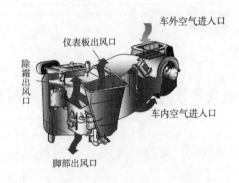

图2-2 通风系统空气进口段结构图

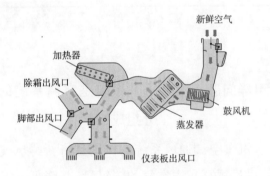

图2-3 通风系统结构图

3 空气分配段

空气分配段主要由控制面板和空气分配管组成。通过开启风门使空气吹向面部、脚部和风窗玻璃。风门的开启由空气分配控制面板控制。图2-4所示为卡罗拉轿车的空气分配控制面板。

2 汽车空调通风系统的工作过程

空调通风系统的工作过程:新鲜空气+车内循环空气→进入风机→空气进入蒸发器冷却→由风门调节进入加热器的空气→进入各出风口。图2-5所示为卡罗拉轿车空调通风系统。

图2-4 通风系统空气分配控制面板

1 调节温度

顺时针转动温度控制旋钮,吹出暖风;逆时针转动温度控制旋钮,吹出冷风。

图2-5中空气混合控制风门分别处于C、D位置。如果未按下"A/C"按键,则系统将吹出环境温度气流或热气流。

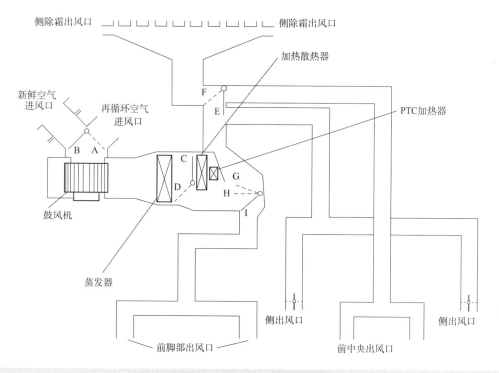

图2-5 卡罗拉轿车空调通风系统

❷ 调节风扇转速

顺时针转动风扇转速控制旋钮,转速提高;逆时针转动风扇转速控制旋钮,转速降低。将旋钮设置为"0",则关闭风扇。

❸ 在车外空气模式和空气再循环模式之间切换

按下 🚗,指示灯亮,图2-5中进气控制风门处于B位置,为空气再循环模式;重复按下 🚗,指示灯熄灭,图2-5中进气控制风门处于A位置,为车外新鲜空气进风模式。

❹ 选择出通风方向

出风口旋钮设置在对应风门的位置,见图2-4和表2-1。

出风口位置设置　　　　　　　　　　　　　　　　　　　表2-1

出风口旋钮设置	风门位置	出风口出风情况
	E,I	空气从中央除霜出风口、侧除霜出风口和侧出风口中吹出

续上表

出风口旋钮设置	风门位置	出风口出风情况
	E, H	空气从前脚部出风口、侧出风口和中央除霜出风口中吹出
	E, G	空气从侧出风口、前脚部出风口吹出。此外,空气从中央除霜出风口和侧除霜出风口轻轻吹出
	F, H	空气从前脚部出风口、前中央出风口和侧出风口吹出
	F, I	空气从前中央出风口和侧出风口吹出

5 调节风口开关及气流导向

通过拨动风口气流导向栅格可调节气流方向,转动风口开关旋钮可调节风口开度,从全开到关闭,图 2-6 所示为中央出风口调节图示。图中 **1** 为栅格控制开关,按箭头方向拨动栅格时,气流将导向相应方向。图中 **2** 为风口开度开关,向上转动风口开关旋钮,风口开度变大,直到全开;向下转动风口开关旋钮,风口开度变小,直到全闭。

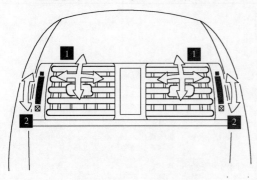

图 2-6 中央出风口调节图示

图 2-7 所示为左侧和右侧出风口调节图示。

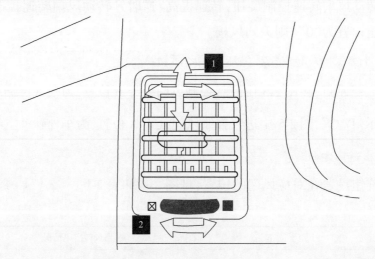

图 2-7 左侧和右侧出风口调节图示

学习任务二　出风口风量不足故障的检修

引导问题2 通风系统的通风模式是通过相应的风门开启和关闭来实现，风门的控制方式有哪些？

在汽车空调系统中，通风系统风门的控制方式有拉索式和真空式。

1 拉索式控制方式

拉索式控制主要由操作旋钮、拉索和风门组成，控制板上的操纵旋钮与拉索相连，拉索根据操纵旋钮的运动操纵风门。图2-8所示为卡罗拉轿车通风系统风门控制拉索。

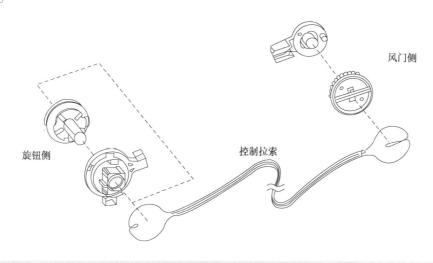

图2-8　卡罗拉轿车通风系统风门控制拉索

2 真空式控制方式

真空操作系统的作用与手动操作相同。它是通过控制真空通断实现执行元件对空调各风门动作进行控制的系统。吸气节流阀、热水阀、各种温度控制阀、调节风门、鼓风机转速以及汽车怠速提升装置等都是靠真空来控制的。汽车空调真空控制回路如图2-9所示，主要由配气系统和真空控制系统组成。

真空控制系统由真空罐、真空选择器、真空执行器和真空管路组成。其中真空选择器受面板的功能选择键控制。

3 按钮式操作控制方式

按钮式控制机构由伺服电动机、风门、控制面板及控制器组成。按下操纵板上的按钮，便可使伺服电动机运转，带动风门运动，如图2-10所示。

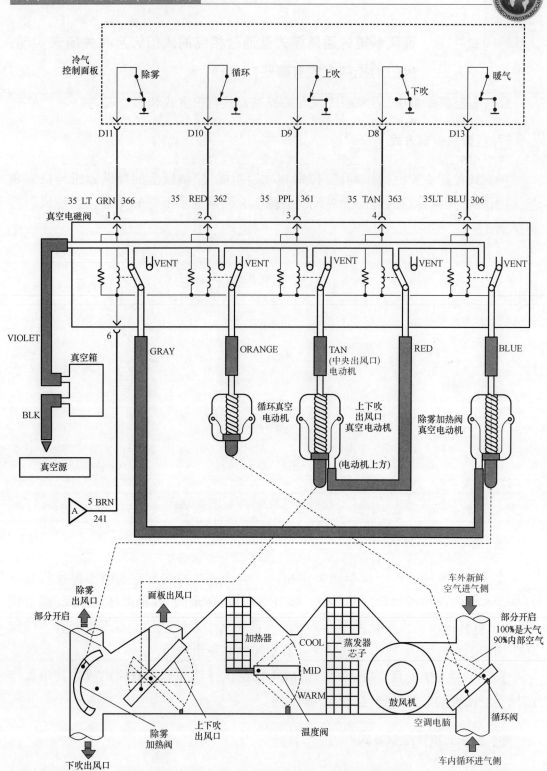

图2-9 手动空调系统的真空控制结构

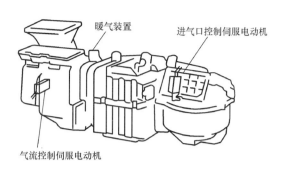

图2-10 伺服电动机装置

引导问题3 空气中含有灰尘和杂质等微粒,在通过通风系统进入车内之前必须净化。汽车空调空气净化系统的组成和作用有哪些?

汽车空调空气净化系统通常有空气过滤式和静电除尘式两种。

空气过滤式汽车空调空气净化系统:是在空调系统的进风处设置空气滤清装置。它仅能滤除空气中的灰尘和杂物,结构简单,工作可靠,只需定期清理过滤网上的灰尘和杂物即可,故广泛用于各种汽车空调系统中。

静电除尘式汽车空调空气净化系统:是在空气进口的滤清器后再设置一套静电除尘装置或单独安装一套用于净化车内空气的静电除尘装置。它除具有过滤和吸附烟尘等微小颗粒的杂质作用外,还具有除臭、杀菌作用,有的还能产生负离子使车内空气更为新鲜洁净。由于其结构复杂,成本高,所以,只用于某些高级轿车和旅游车上。

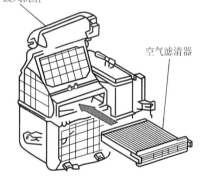

卡罗拉轿车空调的净化系统如图2-11所示,主要由空气滤清器等组成,安装在鼓风机组的风扇上部。它用来过滤空气中的花粉、灰尘及其他杂质,净化车厢中的再循环空气和车外新鲜空气。

一般说来,空调滤芯的更换周期为1万~2万km,如果经常对空调滤芯进行清理,能够在一定程度上延长空调滤芯的使用寿命。卡罗拉轿车的空气滤清器每行驶5000km需要进行清洁;每行驶15000km需要更换。如果长期不清洁或更换空调滤芯,会出现由于滤芯堵塞而引起风口出风量不足现象。

图2-11 净化系统

引导问题4 供暖是汽车空调主要功能之一,汽车空调采暖系统的结构组成有哪些?是如何工作的?

汽车空调采暖系统是将某种热源的能量通过热交换装置传递给车厢内空气,再

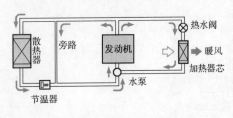

图 2-12　水暖式采暖系统的工作原理图

通过通风装置把热空气送入车内各处实现供暖。不同类型的车用空调采暖系统的种类也不同,应用较多的是水暖式采暖系统。图 2-12 所示为水暖式采暖系统,主要由加热器、热水阀、通风道等组成。

发动机起动后,在温度未达到正常工作温度以前,节温器关闭水泵与散热器之间的通道,连接水泵与发动机冷却液出口通道,发动机冷却液处于小循环状态,发动机温度迅速升高。当发动机达到正常工作温度时,节温器打开,冷却液形成大循环。与此同时,部分高温冷却液进入加热器,并通过热传导和热对流将热量传递给周围的空气,再由鼓风机将加热后的空气吹入车内。在加热器中释放了热量后的中温冷却液由水泵抽回发动机,如此循环进行采暖。

卡罗拉轿车同时采用发动机冷却液和电作为热源,空气温度在短时间内很快上升。在加热器芯加装 PTC 加热器,利用 PTC 热敏电阻作为一个加热元件(图 1-5)。

引导问题 5　出风口风量不足的检测工艺流程是怎样的?

出风口风量不足的检测工艺流程如图 2-13 所示。

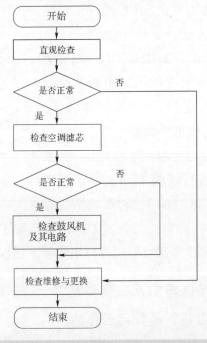

图 2-13　出风口风量不足的检测工艺流程图

学习任务二 出风口风量不足故障的检修

二、实 施 作 业

引导问题6 汽车空调系统维修作业需要哪些工具、设备和材料?

(1)磁力护裙、转向盘护套、变速杆手柄套、脚垫、座椅套和干净抹布。
(2)常用汽车维修拆装工具一套、万用表、卡罗拉轿车新空调滤芯。
(3)卡罗拉轿车维修手册。

引导问题7 通过查询和查找,填写以下信息。

生产年份_____,车辆号牌_____,行驶里程_____,发动机型号及排量_____,车辆识别代号(VIN)_____。

引导问题8 汽车空调系统维修作业前的准备工作有哪些?

(1)汽车进入工位前,将工位清理干净,准备好相关的器材。
(2)铺设脚垫,套上座椅套、转向盘护套、变速杆手柄套。
(3)拉紧驻车制动器操纵杆,并将变速杆置于空挡或驻车挡(P挡)位置。
(4)在车内拉动发动机舱盖开启手柄,在车外打开并支撑发动机舱盖。
(5)粘贴翼子板和前脸磁力护裙。

引导问题9 直观检查是最简单检查方法,往往可以较快地找到故障位置,如何对通风系统进行直观检查?

(1)如果通风系统的壳体和通风管道有响声,应检查壳体是否有裂纹、破碎或连接松动。
(2)如果气流受阻碍,应检查风门是否打开,还需检查风窗玻璃下面的车外新鲜空气入口是否有树叶或其他异物堵塞气流通道等现象。
(3)转动控制面板风门旋钮,检查风门控制拉索是否松动、折断、卡住。

引导问题 10 空调滤清器可以过滤空气中的灰尘、杂质等微粒,在使用一段时间后滤芯会出现由于灰尘的积聚而过滤能力下降,需要及时清理或更换,如何进行清理更换?

长时间未清洁空调滤清器,滤芯就会脏污,并有一些异味。其更换步骤如下:

（1）卡罗拉轿车的空调滤芯位于副驾驶人座位侧的储物盒后面,如图 2-14 所示。

（2）滤芯所处位置如图 2-15 所示,双手向内压下储物盒两侧,用力卸下储物盒,就显示滤芯位置,如图 2-16 所示。

（3）将空调滤芯轻轻卸下,如图 2-17 所示,注意:不要用力过猛,以免损坏相关部件。

（4）取出的空调滤芯,在平地或硬物处轻轻磕打空调滤芯,如图 2-18 所示。有条件的可以用压缩空气吹空调滤芯,或用小刷子擦拭。

图 2-14 打开储物盒

图 2-15 拆卸前滤芯位置

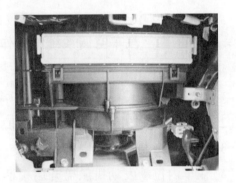

图 2-16 拆卸后滤芯位置

图 2-17 拆卸滤芯

图 2-18 清理滤芯

（5）将清理后或更换的空调滤芯安装回原位。

在拆装过程中要注意：

（1）在拆卸和安装空调滤芯的过程中一定要注意轻拿轻放，因为空调滤芯的安装位置一般会有很多电气线路，一旦用力过猛，可能导致损坏这些电气线路。

（2）在安装空调滤芯过程中，应注意不要损坏其他相关部件，例如发动机舱盖的密封胶条、副驾驶人座位侧的储物盒等。

引导问题 11 鼓风机是通风系统主要部件之一，通风系统风量不足的检查将主要围绕鼓风机开展，如何进行检查？

图 2-19 所示为风口无风或风量不足故障检查流程。

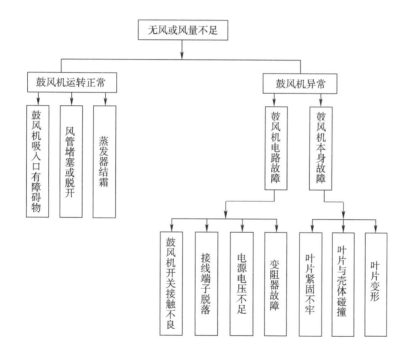

图 2-19 无风或风量不足故障检查流程

通过直观检查容易检查出如通风管道堵塞和鼓风机叶片异常等故障，但是，对于鼓风机电路故障，需要借助电路图对相关电路进行检测。图 2-20 所示为鼓风机控制电路图。

1　检查熔断丝（HTR，HTR-IG）

（1）将 HTR 熔断丝从发动机舱继电器盒和接线盒上拆下。

（2）将 HTR-IG 熔断丝从仪表板接线盒上拆下。

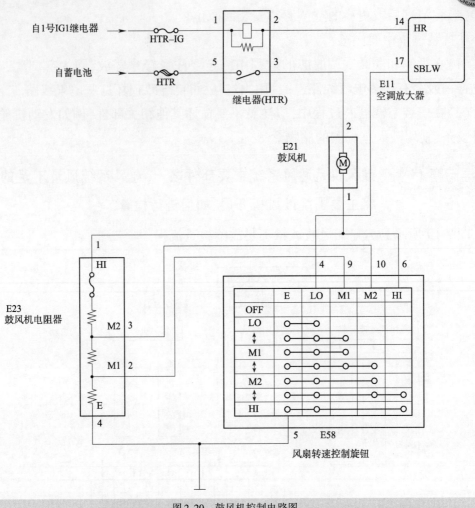

图 2-20 鼓风机控制电路图

（3）根据表 2-2 测量熔断丝电阻值。

熔断丝检测值　　　　　　　　　　表 2-2

检测熔断丝电阻	正常值（Ω）	测量值
HTR 熔断丝	<1	
HTR-IG 熔断丝	<1	

（4）根据检测结果判定是否需要更换熔断丝。

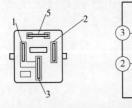
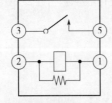

图 2-21 继电器电路及端子

2 检查继电器（HTR）

（1）将 HTR 继电器从仪表板接线盒上拆下，其内部电路如图 2-21 所示。

（2）根据表 2-3 测量电阻值。

（3）根据检测结果判定是否需要更换继电器。

继电器检测值   表2-3

检测端子	正 常 值	测 量 值
3—5	<1Ω（在端子 1 和 2 间施加蓄电池电压时）	
3—5	1 万或更大（未在端子 1 和 2 间施加蓄电池电压时）	

3 检查鼓风机电动机

（1）拆下鼓风机电动机，将连接器从鼓风机电动机上断开。

（2）将蓄电池正极（＋）引线与端子 2 相连，负极（－）引线与端子 1 相连，如图 2-22 所示，检查并确认电动机工作。

（3）如果电动机不正常工作，需更换电动机。

4 检查鼓风机电阻器

（1）拆下鼓风机电阻器。

（2）将连接器从鼓风机电阻器上断开。

（3）参照图 2-23 所示端子，根据表 2-4 测量鼓风机电阻器电阻。

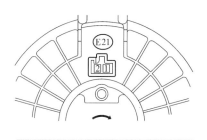

图 2-22 电动机端子

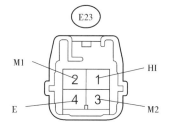

图 2-23 电阻器端子

鼓风机电阻器检测值   表2-4

检测端子	正常值(Ω)	测 量 值
4(E)—1(HI)	3.12～3.60	
2(M1)—1(HI)	1.45～1.67	
3(M2)—1(HI)	0.52～0.60	

（4）根据检测结果判定是否需要更换鼓风机电阻器。

5 检查鼓风机开关

（1）拆下鼓风机开关。

（2）将连接器从鼓风机开关上断开。

（3）参照图 2-24 所示端子，根据表 2-5 中的值测量电阻。

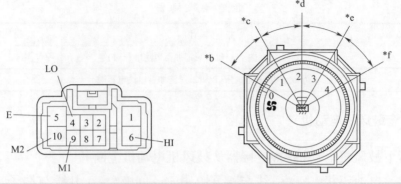

图 2-24 鼓风机开关端子

鼓风机开关检测值　　　　　　　　　表 2-5

测 量 端 子	鼓风机开关挡位	正常值(Ω)	测 量 值
4（LO）—5（E）	0	1 万或更大	
6（HI）—5（E）			
9（M1）—5（E）			
10（M2）—5（E）			
4（LO）—5（E）	1	<1	
4（LO）—5（E）	2	<1	
9（M1）—5（E）			
4（LO）—5（E）	3	<1	
10（M2）—5（E）			
4（LO）—5（E）	4	<1	
6（HI）—5（E）			

（4）根据检测结果判定是否需要更换鼓风机开关。

6 检查继电器（HTR）到电源线束和连接器之间的电压值

（1）根据表 2-6 中的标准值测量并比较相应端子间的电压值。

测 量 电 压 值　　　　　　　　　表 2-6

测 量 端 子	测 量 条 件	正 常 值	测 量 值
继电器（HTR）端子 1—车身搭铁	点火开关置于 ON	11～14V	
继电器（HTR）端子 5—车身搭铁	始终	11～14V	

（2）根据检测结果判定是否需要维修或更换线束和连接器。

7 检查空调放大器到继电器（HTR）线束和连接器之间的电阻值

（1）根据表 2-7 中的标准值测量并比较相应端子间的电阻值。

学习任务二 出风口风量不足故障的检修

测量端子间电阻值　　　　　　　　　　　　　　　　　　　　　　表2-7

测量端子	正常值(Ω)	测 量 值
继电器(HTR)端子2—空调放大器端子14	<1	
继电器(HTR)端子2—车身搭铁	1万或更大	

(2)根据检测结果判定是否需要维修或更换线束和连接器。

8 检查鼓风机开关到空调放大器线束和连接器之间的电阻值

(1)根据表2-8中的标准值测量并比较相应端子间的电阻值。

测量端子间电阻值　　　　　　　　　　　　　　　　　　　　　　表2-8

测量端子	正常值(Ω)	测 量 值
空调放大器端子17—鼓风机开关端子4	<1	
空调放大器端子17—车身搭铁	1万或更大	

(2)根据检测结果判定是否需要维修或更换线束和连接器。

9 检查鼓风机电阻器到鼓风机开关线束和连接器之间的电阻值

(1)根据图2-25所示端子和表2-9中的标准值测量并比较相应端子间的电阻值。

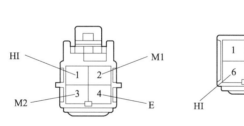

a)鼓风机电阻器的连接器端子　　　b)鼓风机开关的连接器端子

图2-25　线束连接器端子

测量端子间电阻值　　　　　　　　　　　　　　　　　　　　　　表2-9

测量端子	正常值(Ω)	测 量 值
鼓风机电阻器端子1(HI)—鼓风机开关端子6(HI)	<1	
鼓风机电阻器端子3(M2)—鼓风机开关端子10(M2)	<1	
鼓风机电阻器端子2(M1)—鼓风机开关端子9(M1)	<1	
鼓风机电阻器端子4(E)—车身搭铁	<1	
鼓风机开关端子5(E)—车身搭铁	<1	
鼓风机电阻器端子1(HI)—车身搭铁	1万或更大	
鼓风机电阻器端子3(M2)—车身搭铁	1万或更大	
鼓风机电阻器端子2(M1)—车身搭铁	1万或更大	

(2)根据检测结果判定是否需要维修或更换线束和连接器。

❿ 检查鼓风机到鼓风机开关线束和连接器之间的电阻值

(1) 根据表2-10中的标准值测量并比较相应端子间的电阻值。

测量端子间电阻值　　　　　　　　　　　　　　　　　表2-10

测量端子	正常值(Ω)	测量值
鼓风机端子1—鼓风机开关端子6（HI）	<1	
鼓风机端子1—车身搭铁	1万或更大	

(2) 根据检测结果判定是否需要维修或更换线束和连接器。

⓫ 检查鼓风机到继电器（HTR）线束和连接器之间的电阻值

(1) 根据表2-11中的标准值测量并比较相应端子间的电阻值。

测量端子间电阻值　　　　　　　　　　　　　　　　　表2-11

测量端子	正常值(Ω)	测量值
继电器（HTR）端子3—鼓风机端子2	<1	
继电器（HTR）端子3—车身搭铁	1万或更大	

(2) 根据检测结果判定是否需要维修或更换线束和连接器。

三、评价与反馈

(1) 对学习任务进行评价，考核项目和评分标准见表2-12。

评 分 表　　　　　　　　　　　　　　　　　　　　　表2-12

考核项目	评分标准	分值	学生自评	小组评价	教师评价	小计
团队合作	是否和谐	5				
活动参与	是否积极主动	5				
安全生产	有无安全隐患	10				
现场5S管理	是否做到	10				
任务方案	是否正确、合理	15				
操作过程	通风系统和取暖系统检测是否按要求完成	30				
任务完成情况	是否圆满完成	5				
工具和设备使用	是否规范、标准	10				
劳动纪律	是否能严格遵守	5				
工单填写	是否完整、规范	5				
总分		100				
教师签名：			年　　月　　日		得分	

(2)通风系统的作用见表2-13,请分别说明是如何实现该功能的?

通风系统作用的实现　　　　　　　　　　　　　表2-13

通风系统的作用	如何实现功能
控制通风风量	
切换新鲜/再循环空气入口	
净化空气	
控制湿度	
控制通风口温度	
选择通风模式	

四、学习拓展

(1)采暖系统的控制有空气混合型和流量控制型两种形式,查阅相关资料分析它们温度调节的方法?

(2)如空调暖风不足,如何对其进行检查?

学习任务三
压缩机异响故障的检修

学习目标

完成本学习任务后,你应当能:
1. 叙述汽车空调制冷系统的工作原理;
2. 分析空调制冷系统机械元件出现故障对汽车空调系统的影响;
3. 使用歧管压力表检测制冷系统;
4. 借助维修手册,安全规范地更换压缩机。

 建议完成本学习任务的时间为 17 课时。

 学习任务描述

  一辆配置手动空调的卡罗拉 2014 款 1.6GL 轿车,车主反映:起动空调后,压缩机异响,且制冷不足。初步判断是空调制冷系统机械元件方面出现故障。需要对制冷系统进行全面的检查,并进行维修。

学习任务三 压缩机异响故障的检修

学习内容

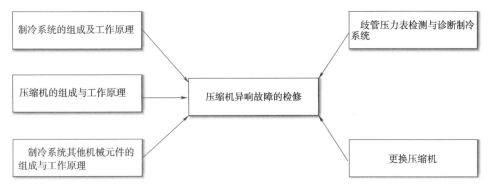

一、资料收集

引导问题1 制冷系统是汽车空调的重要组成部分,它由哪些系统元件组成?安装在什么位置?

空调制冷系统由压缩机、冷凝器、储液干燥器、膨胀阀、蒸发器、散热风扇与制冷管道所组成。图3-1所示为卡罗拉轿车手动空调系统部分元件位置图。

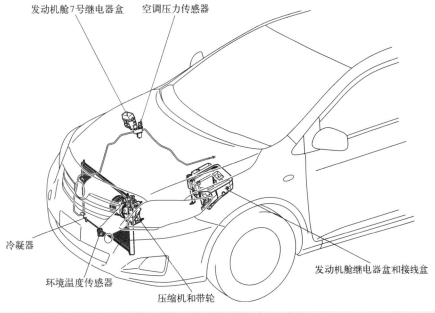

图3-1 卡罗拉轿车手动空调系统部分元件位置图

引导问题2　压缩机在是汽车空调制冷系统的"心脏",是制冷系统的动力源泉。压缩机是如何实现这些功能的?

1 压缩机的功用

压缩机能保持制冷剂的循环,是制冷系统的动力源泉,它将吸入的低温低压的制冷剂蒸气通过压缩机加压后变成高温高压的制冷剂蒸气,输送至冷凝器,如图3-2所示。

2 压缩机的分类

压缩机的分类如图3-3所示。

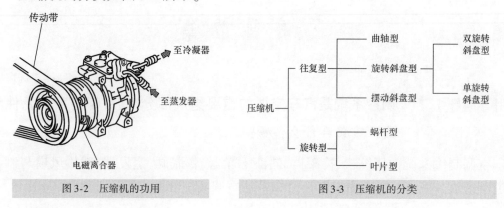

图3-2　压缩机的功用　　　　　图3-3　压缩机的分类

3 压缩机的工作原理

图3-4所示为单旋转斜盘型压缩机,当轴转动时,旋转斜盘和直接连接到该轴上的连接片同时转动。旋转斜盘的旋转运动转换成活塞和导向板的往复运动,因此能进行制冷剂气体的吸入、压缩和排出工作。

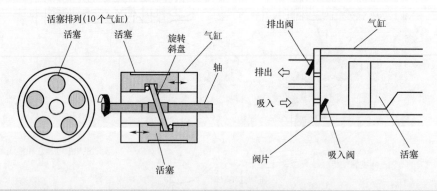

图3-4　单旋转斜盘型压缩机工作示意图

图3-5所示为单旋转斜盘型压缩机的工作过程,制冷剂蒸气从吸入侧进入,从压缩侧压出。

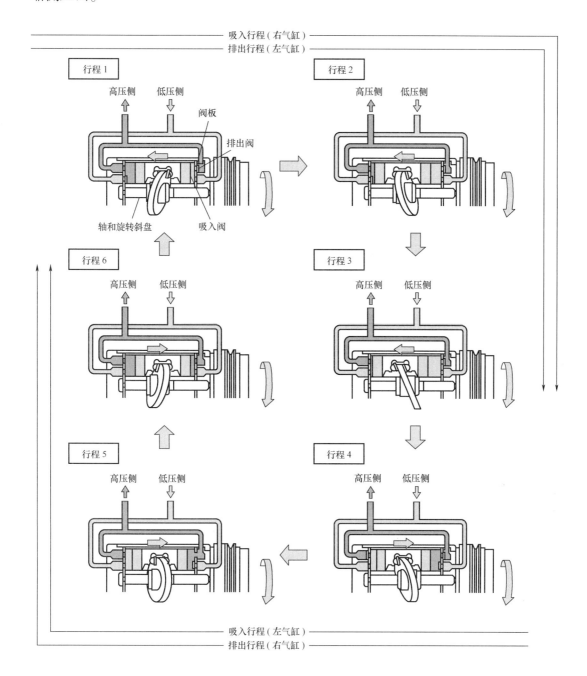

图3-5 单旋转斜盘型压缩机的工作过程

(1)吸入行程:如图3-5所示,行程1、行程2、行程3的右气缸工作为吸入行程;行程4、行程5、行程6的左气缸工作也为吸入行程。

(2)压缩行程:如图3-5所示,行程1、行程2、行程3的左气缸工作为压缩行程;行程4、行程5、行程6的右气缸工作也为压缩行程。

4 压缩机的发展历程

图3-6所示为不同时期所采用的压缩机。各种类型压缩机的发展要满足市场上车辆质轻、紧凑、安静、节能以及舒适度的需求。现在,为了满足节能及舒适度的需求,汽车空调多采用可变排量压缩机。

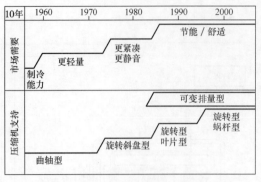

图3-6 压缩机的发展历程

引导问题3 可变排量压缩机可以根据空调的制冷负荷变化调节排量,它是如何工作的?

卡罗拉轿车采用连续可变排量型压缩机(图3-7),它的排量可以根据空调的制冷负荷进行调节。该压缩机由轴、斜盘、活塞、滑蹄、曲柄室、气缸和电磁阀组成。电磁阀调整吸气压力以使吸气压力可以根据需要进行调节。

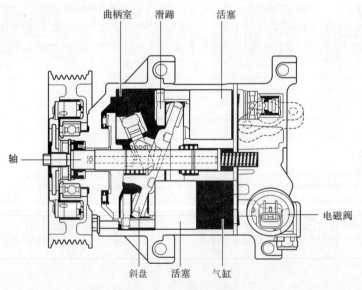

图3-7 连续可变排量型压缩机

1 连续可变排量型压缩机排量增大的工作过程

连续可变排量型压缩机的曲柄室与吸气通道相连,电磁阀安装在吸气通道(低压)和排放通道(高压)之间。根据空调放大器占空比信号控制电磁阀进行工作。当电磁阀闭合时,会形成压力差,施加到活塞右侧的压力会大于施加到活塞左侧的压力,压缩弹簧并使斜盘倾斜,使活塞行程增加从而排量增加,如图3-8所示。

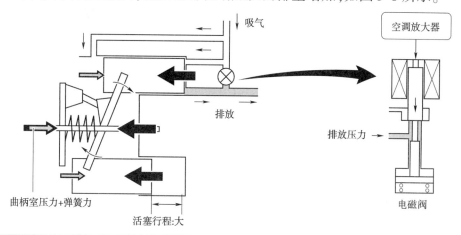

图3-8　连续可变排量型压缩机的排量增大的工作过程

2　连续可变排量型压缩机排量减小的工作过程

当电磁阀开启时,压力差消失,施加到活塞右侧的压力与施加到活塞左侧的压力相等,弹簧伸长且消除斜盘的倾斜,从而导致活塞的行程与排量减少,如图3-9所示。

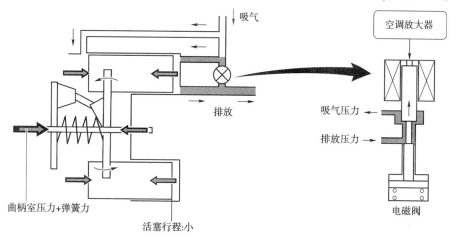

图3-9　连续可变排量型压缩机排量减小的工作过程

引导问题4　冷冻机油起润滑油的作用,正确选择并适量加注冷冻机油是压缩机正常运行的保障,如何选择并适量加注冷冻机油?

1　冷冻机油的选择方法

正确使用冷冻机油,包括选择厂商指定牌号的冷冻机油和规定的加注量。不同压缩机采用了不同类型和不同牌号的冷冻机油，使用时应严格遵守规定，不能混淆，否则会损坏压缩机，造成制冷系统故障。冷冻机油对润滑性能、含水量、杂质等性能指标均有严格的要求，严格禁止使用不合格的冷冻机油。

在制冷系统中，制冷剂与冷冻机油需要完全互溶，这样才能保证压缩机得到充分的润滑。矿物油能与R12相溶，却不能与R134a完全相溶，因此R12系统的冷冻机油不能用于R134a系统中。

小提示

为防止被空气氧化，冷冻机油不能长时间暴露在空气中。

2 冷冻机油的加注量

制冷系统对冷冻机油的加注量有严格的规定值，冷冻机油过多会影响制冷剂循环的热交换，冷冻机油过少会导致压缩机润滑不足。通常情况下，冷冻机油加注量＝制冷剂回收时排出的冷冻机油量＋20mL。

小提示

更换压缩机时，首先排出并测量旧压缩机内冷冻机油的油量，新的压缩机在出厂时已经加注了冷冻机油。卡罗拉轿车空调压缩机内有70mL冷冻机油，为了保证更换压缩机前后制冷系统内冷冻机油量相当，需要根据旧压缩机排出的冷冻机油量确定新压缩机排出的冷冻机油量，如图3-10所示。计量公式：70mL＝旧压缩机排出的冷冻机油量＋新压缩机排出的冷冻机油量。

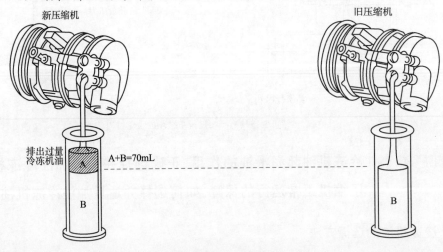

图3-10 更换压缩机时冷冻机油量

学习任务三　压缩机异响故障的检修

引导问题 5　冷凝器和蒸发器都是空调制冷系统的热交换元件，它们有哪些不同的结构形式？

1 冷凝器

（1）冷凝器是将压缩机排出的高压过热制冷剂蒸气凝结成液态制冷剂的热交换设备。

为使冷凝器正常工作，必须使冷凝器有足够的冷却能力，通风要良好。一般轿车的冷凝器安装在汽车的前部，如图 3-11 所示，开空调时可利用汽车的迎面风更好地将热量散发出去。

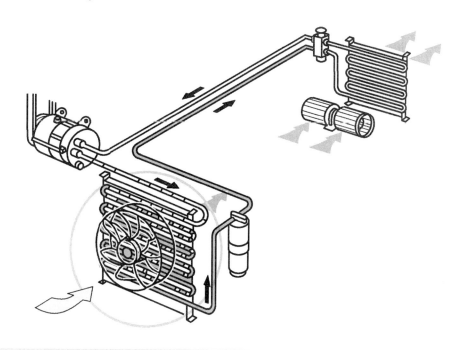

图 3-11　冷凝器在空调系统中的安装位置

小提示

连接冷凝器的管道接头时，要注意安装方向。从压缩机输来的高压制冷剂蒸气必须从冷凝器上端入口进入，再流动到下部管道，冷凝成液态的制冷剂则沿下方出口流出而进入储液干燥器，如果接反，会引起制冷系统压力升高、冷凝器胀裂的严重事故。

（2）冷凝器的类型和结构特点见表 3-1。

冷凝器的类型和结构特点   表 3-1

冷凝器的类型	结构特点
管片式冷凝器	管片式冷凝器制造工艺简单,是用胀管法将板状散热片胀紧在管道上,散热效率较低
管带式冷凝器	管带式冷凝器的管道是由一种连续的铝合金材料挤压成多孔通道的扁管,通过整体钎焊法将波状散热片连接在管道上。管带式冷凝器的传热效率比管片式可提高15%~20%
鳍片式冷凝器	鳍片式冷凝器的结构是在特殊形状铝型材的散热管表面直接铣削出散热鳍片状散热片,然后再弯曲成蛇形管。由于鳍片与管子为一个整体,抗振性和散热性能好,是目前较先进的汽车空调冷凝器

(3)卡罗拉轿车汽车空调采用鳍片式冷凝器,该结构的冷凝器抗振性和散热性能好。

小提示

由于R134a制冷系统的运行压力比较高,因此需要选择合适的冷凝器,采用鳍片式冷凝器比采用管带式冷凝器的效率提高5%左右。

2 蒸发器

(1)蒸发器的作用是将来自膨胀阀的低温、低压液态制冷剂在其管道中蒸发,吸收车内空气的热量,使车内空气温度降低。同时,还对空气起到除湿的作用。

(2) 蒸发器的外观如图 3-12 所示。汽车空调蒸发器的类型和结构特点见表 3-2。

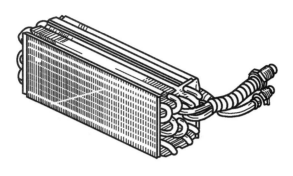

图 3-12 蒸发器的结构

蒸发器的类型和结构特点   表 3-2

蒸发器的类型		结 构 特 点
管带式蒸发器		管带式蒸发器的蒸发器管道长度较长,以保证制冷剂完全汽化
层叠式蒸发器		层叠式蒸发器比管带式蒸发器的热交换面积大,因此制冷效果更加理想

(3) 卡罗拉轿车汽车空调采用层叠式蒸发器,热交换面积大,制冷效果较管带式更好。

小提示

根据热力学定律可知,冷凝器的散热量等于蒸发器所吸收的热量和压缩机所做的功之和。

引导问题6 制冷系统节流装置的主要作用是节流降压,那么节流装置是如何实现其作用的?

小词典

采用热力膨胀阀的空调制冷系统称为 CCTXV 制冷系统。

采用简单的节流孔管的制冷系统称为 CCOT 制冷系统。

1 膨胀阀的作用

膨胀阀是将来自储液干燥器的液态制冷剂节流减压,调节和控制进入蒸发器中的液态制冷剂量,使之适应制冷负荷的变化,同时可防止压缩机发生液击和蒸发器出口过热等现象。

2 热力膨胀阀的结构及工作原理

从膨胀阀流入到蒸发器中的制冷剂量必须被控制,以得到最大的制冷效果。需要制冷剂液体在蒸发器内完全被汽化,因此,需要通过热力膨胀阀调节制冷剂量的多少。汽车空调的热力膨胀阀按照结构的不同分为内平衡、外平衡和 H 型三种形式,如图 3-13 所示。

(1) 外平衡热力膨胀阀的结构如图 3-14 所示,热力膨胀阀利用装在蒸发器出口处的感温包来感知制冷剂蒸气的过热度,由此来调节膨胀阀开度的大小,从而控制进入蒸发器的液态制冷剂量的多少。

图 3-13 热力膨胀阀的不同类型

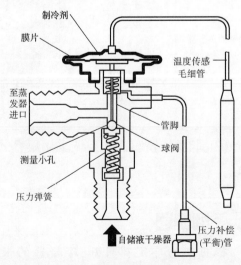

图 3-14 外平衡热力膨胀阀

小词典

过热蒸气:蒸气在某压力下的温度,若高于该压力所对应的饱和温度时,这种蒸气就称为过热蒸气。过热蒸气所处的状态,称为过热状态。

过热度:过热蒸气比同压力下干饱和蒸气温度高出的值。

(2)外平衡热力膨胀阀的工作过程见表3-3。

外平衡热力膨胀阀的工作过程　　　　　　　表3-3

热力膨胀阀工作状态		工作过程
阀门闭合	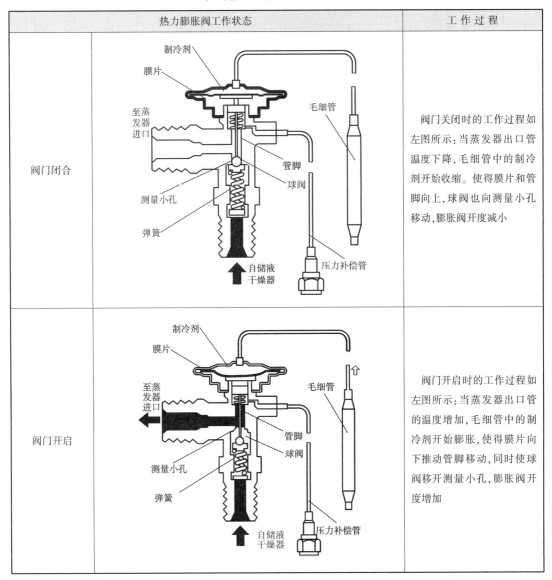	阀门关闭时的工作过程如左图所示:当蒸发器出口管温度下降,毛细管中的制冷剂开始收缩。使得膜片和管脚向上,球阀也向测量小孔移动,膨胀阀开度减小
阀门开启		阀门开启时的工作过程如左图所示:当蒸发器出口管的温度增加,毛细管中的制冷剂开始膨胀,使得膜片向下推动管脚移动,同时使球阀移开测量小孔,膨胀阀开度增加

(3)H型热力膨胀阀的结构如图3-15所示,H型热力膨胀阀是因其内部通路像字母H而得名。它有四个接口通往汽车空调系统:其中两个接口和外平衡热力膨胀

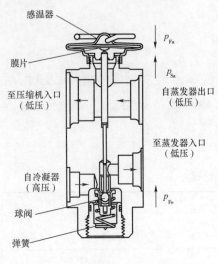

图 3-15 H 型热力膨胀阀的结构

阀的一样,一个接冷凝器出口,另一个接蒸发器入口;另外两个接口,一个接蒸发器出口,另一个接压缩机进口。

p_{Fu} 所指的压力是制冷剂温度变化的压力,p_{Sa} 所指的压力是压力补偿,p_{Fe} 所指的压力是弹簧压力。

卡罗拉轿车汽车空调使用 H 型热力膨胀阀,它有结构紧凑、性能可靠的特点。

3 孔管式节流装置

孔管式节流装置又称节流管,其安装在空调制冷系统中的位置如图 3-16 所示,直接连接冷凝器的出口和蒸发器的入口。

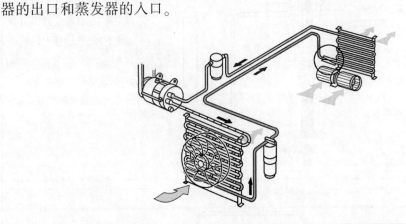

图 3-16 节流管的安装位置

节流管的结构如图 3-17 所示,节流管是固定孔径的节流装置,不能改变制冷剂流量,有可能从蒸发器出口流出液态制冷剂。因此,装有节流管的制冷系统,必须在蒸发器出口和压缩机进口之间安装一个集液器,使制冷剂气液分离,防止压缩机发生液击现象。因节流管的制造成本低廉,且利于节油,目前中、低档汽车空调系统的节流装置多采用节流管。

引导问题 7 储液干燥器安装在冷凝器和膨胀阀之间,它有什么作用?

1 储液作用

储液干燥器安装在冷凝器和膨胀阀之间,如图 3-18 所示。其作用是临时储存从冷凝器流出的液态制冷剂。当制冷负荷变化和制冷系统中有微漏时,能及时补充和调整供给足够的液态制冷剂量,以保证制冷剂流动的连续和稳定性。

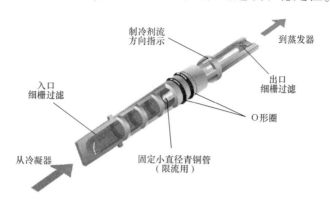

图3-17 节流管的结构图

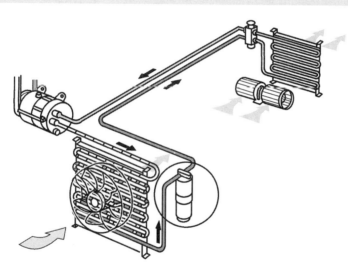

图3-18 储液干燥器在空调系统中的安装位置

2 干燥作用

进入制冷系统内的水会对金属产生强烈的腐蚀作用,而且水在膨胀阀中容易形成冰堵现象,影响制冷剂的正常循环,所以需要干燥。储液干燥器内有干燥剂,能吸收制冷剂中的水。

3 过滤作用

储液干燥器内有过滤器,过滤器能阻止干燥剂中的灰尘及由于制造或维修过程不慎进入管路的固体屑粒在制冷系统内流动。

小提示

直立式储液干燥器,安装时一定要垂直,倾斜度不得超过15°。在安装新的储液干燥器之前,不得过早将其进出管口的包装打开,以免湿空气侵入储液干燥器和系统内部,使之失去除湿的作用。安装前要先明确储液干燥器的进、出口端,如果进、出口接反,则会导致制冷剂量不足。

引导问题8 制冷系统的正常工作需要各部件的有序配合,保证制冷系统正常工作的条件有哪些?

制冷系统的循环工作过程如图3-19所示,为了保证制冷系统正常工作,要求满足以下两个条件:一是蒸发器与冷凝器热交换平衡;二是压缩机与节流装置制冷剂通过量平衡。

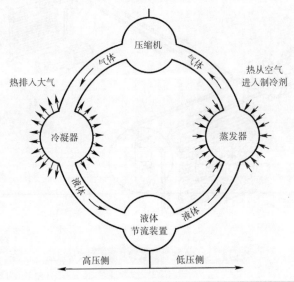

图3-19 制冷循环的工作过程

1 蒸发器与冷凝器的热交换平衡

制冷剂在蒸发器吸收的热量,需要在冷凝器中完全散发到大气中。如果冷凝器不能及时将蒸发器所吸收的热量散发到大气中,就会造成制冷剂不能完全液化。同理,没有完全液化的制冷剂再次进入蒸发器时,也不能有效地带走足够的热量,最终将导致空调系统制冷效果不足。

因此,蒸发器与冷凝器之间的换热量能否平衡,是空调系统制冷效果能否正常的关键原因。

2 压缩机与节流装置的制冷剂通过量平衡

空调系统中压缩机排出的制冷剂量与节流装置的通过量要相平衡。若压缩机的工作性能下降导致排出制冷剂量不足,会造成低压侧压力偏高,高压侧压力偏低。若膨胀阀的开度太小(如堵塞),则压缩机排出的制冷剂不能完全进入到蒸发器,会导致低压系统压力过低,造成制冷效果不足。

引导问题9 压缩机异响且制冷不足,有可能是压缩机不正常工作所导致,那么压缩机不正常工作的检修工艺流程是怎样的?

压缩机是制冷系统的主件,如果压缩机不正常工作,将导致制冷系统低压侧的压力高于标准值,高压侧的压力低于标准值。压缩机检修流程如图3-20所示。

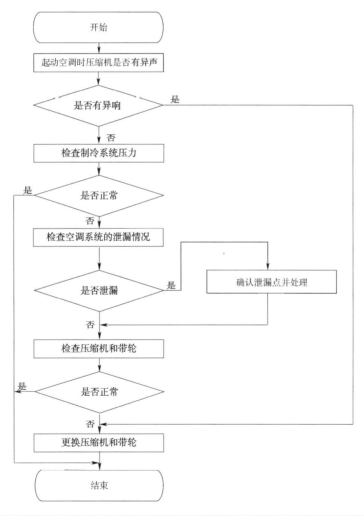

图3-20 压缩机的检修流程图

二、实施作业

引导问题 10 压缩机异响检修作业需要哪些工具、设备和材料?

(1)万用表、智能测试仪、歧管压力表、套筒、扳手。
(2)磁力护裙、转向盘护套、变速杆手柄套、脚垫、座椅套和干净抹布。
(3)熔断丝、线束和相关传感器。
(4)丰田卡罗拉轿车维修手册。

引导问题 11 通过查询和查找,填写以下信息。

生产年份_____,车辆号牌_____,行驶里程_____,发动机型号及排量_____,车辆识别代号(VIN)_____。

引导问题 12 压缩机异响检修作业前的准备工作有哪些?

(1)汽车进入工位前,将工位清理干净,准备好相关的器材。
(2)铺设脚垫,套上座椅套、转向盘护套、变速杆手柄套。
(3)拉紧驻车制动器操纵杆,并将变速杆置于空挡或驻车挡(P挡)位置。
(4)打开并支撑发动机舱盖。
(5)粘贴翼子板和前脸磁力护裙。

引导问题 13 压缩机异响有两种可能,压缩机外部响或内部响,如何判断异响位置?

外观检查空调传动带,检查传动带是否有油污,是否磨损,起动空调时是否有打滑现象;检查压缩机安装螺栓是否松动。如果有以上现象说明异响可能是来自压缩机外部,可通过更换传动带和紧固安装螺栓来解决。

起动空调后判断压缩机异响是否属于金属噪声,如果有金属噪声,说明异响是来自压缩机内部,需要更换压缩机和带轮。

学习任务三　压缩机异响故障的检修

引导问题 14　如果压缩机内部异响,如何通过测量制冷系统的压力,进一步证实压缩机是否正常工作?

制冷剂在系统内循环过程中,其状态、压力和温度都不断地交替变化着,即汽态与液态、高压与低压、高温与低温等交替变化。所以,通过歧管压力表检测系统的压力,检查管道及部件的外表温度可判断系统的运行情况和部件的性能好坏。

(1)歧管压力表检测的测试条件见表3-4。

测 试 条 件　　　　　　　　　　　　　　　　　　　　　表3-4

项　　目	条　　件
车辆的放置	空调开关打开
车门的状态	车门全开
汽车空调的状态	打开空调
发动机转速	发动机以1500r/min的转速运转
进气口的温度	30～35℃
进气口	再循环方式
设定温度	温度调节旋钮置于"最冷"位置
鼓风机转速	鼓风机转速控制开关置于"4挡"位置

(2)卡罗拉轿车空调正常工作时制冷系统的压力见表3-5及图3-21所示。

卡罗拉轿车空调制冷系统的工作压力　　　　　　　　　　表3-5

制 冷 剂	高压值(MPa)	低压值(MPa)
R134a	1.37～1.57	0.15～0.25

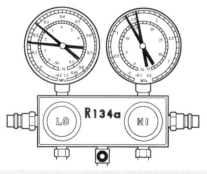

图3-21　卡罗拉轿车空调系统正常压力

小提示

系统压力可能会因环境温度等不同而稍有不同。

(3)按照测试条件进行准备,连接歧管压力表并对空调系统压力进行检测,如图3-22所示。

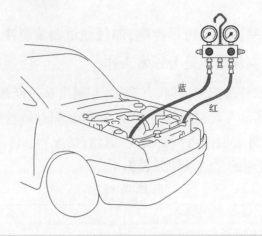

图 3-22　检测空调系统压力

（4）空调制冷系统压力异常的原因、现象和处理方法见表 3-6。

制冷系统压力异常的原因、现象和处理方法　　　　　表 3-6

序号	压力情况	现　象	原因分析	处理方法
1		（1）间歇制冷，最后不能制冷； （2）低压侧的压力在正常压力和真空之间切换	空调系统中的湿气在膨胀阀节流孔处冻结，导致制冷剂循环暂时停止	（1）更换冷却器干燥器； （2）通过反复抽出空气，除去系统中的湿气； （3）加注适量的制冷剂
2		（1）低压侧和高压侧的压力均低； （2）通过观察孔可不断地看到气泡； （3）制冷性能不足	制冷系统漏气	（1）检查有无漏气，必要时进行维修； （2）加注适量的制冷剂； （3）如果仪表指示压力接近于0，则有必要在修复泄漏后抽空系统
3		（1）低压侧和高压侧的压力均低； （2）冷凝器至制冷装置的管道结霜； （3）制冷性能不足	制冷剂被冷凝器芯管路内的灰尘堵塞	更换冷凝器

续上表

序号	压力情况	现象	原因分析	处理方法
4		(1)低压侧显示真空,高压侧显示压力非常低; (2)在储液器/干燥器或膨胀阀的两侧管路上均能看到结霜或冷凝现象	(1)制冷剂的流动被制冷系统中的湿气或灰尘堵塞; (2)膨胀阀内部漏气造成制冷剂流中断	(1)检查膨胀阀; (2)更换膨胀阀; (3)更换冷凝器; (4)排空气体并加注适量的制冷剂; (5)膨胀阀内部泄漏时,更换膨胀阀
5		(1)低压侧和高压侧的压力均过高; (2)发动机转速下降,通过观察孔也看不到气泡; (3)制冷系统不工作	(1)过度使用制冷系统,导致性能不能充分发挥; (2)冷凝器的冷却效果不良	(1)清洁冷凝器; (2)检查冷凝器冷却风扇工作情况; (3)如果(1)和(2)状态正常,检查制冷剂量并加注适量的制冷剂
6		(1)低压侧和高压侧的压力均过高; (2)低压管路过热; (3)通过观察孔能看到气泡	系统中有空气	(1)检查压缩机机油是否脏污或不足; (2)排空系统并重新加注新的或净化过的制冷剂
7		(1)低压侧和高压侧的压力均过高; (2)低压侧管路有霜或大量冷凝; (3)制冷不足	膨胀阀可能卡住	检查膨胀阀
8		(1)低压侧和高压侧的压力均过高; (2)高压侧的压力过低; (3)制冷不足	(1)压缩机内部泄漏,压缩能力过低; (2)阀门损坏引起泄漏,或零件可能断裂	更换压缩机

63

引导问题 15 如果测量发现制冷系统低压端压力太高,高压端压力太低,可确认为压缩机不正常工作所致,查阅维修手册,如何根据检测工艺流程更换压缩机?

(1)检查和更换压缩机驱动带,如图 3-23 所示。压缩机轴和带轮一起转动,如果检查结果不符合规定,则更换压缩机和带轮。

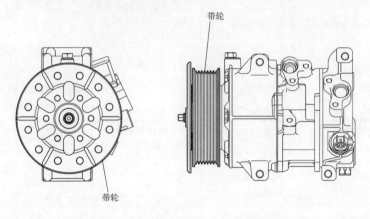

图 3-23 检查和更换压缩机驱动带

(2)回收制冷剂。更换制冷元件前需进行回收制冷剂。若不回收制冷剂,直接更换零部件会导致制冷剂释放到大气中。

(3)拆卸和安装压缩机。

①拆卸压缩机,见表 3-7。

拆卸压缩机   表 3-7

步骤	图 示	操作要求
1	断开吸入软管	(1)拆下螺栓并将吸入软管从压缩机和带轮上断开; (2)将 O 形圈从 1 号制冷剂吸入软管上拆下
2	断开排放软管	(1)拆下螺栓并将排放软管从压缩机和带轮上断开; (2)从排放软管上拆下 O 形圈

续上表

步骤	图　示	操作要求
3	拆卸含带轮的压缩机总成	(1)断开连接器； (2)拆下2个螺栓和2个螺母
4	拆卸含带轮的压缩机总成	使用套筒扳手拆下2个双头螺柱和含带轮的压缩机总成

小提示

拆下压缩机吸入软管、排放软管后应用聚氯乙烯绝缘带密封断开部件的开口处，防止湿气和异物进入。

小提示

(1)在拆卸配管和循环部件后，应当更换新的O形圈。

(2)为了避免损坏配管，使用一些较软的物品(如牙签)拆卸O形圈，如图3-24所示。

图3-24　拆卸O形圈

②安装压缩机，见表3-8。

安装压缩机　　　　　　　　　　　　　　　　　表3-8

步骤	图示	操作要求
1	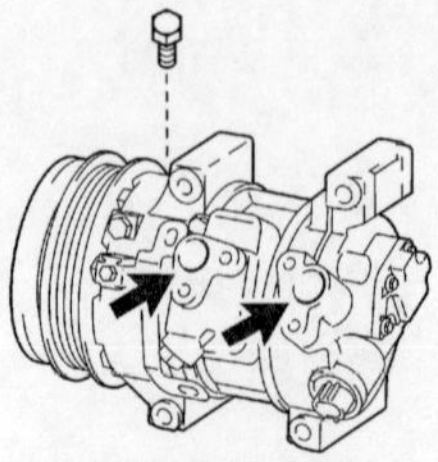 调节压缩机机油油位	在更换新的压缩机总成时,将惰性气体(氦)从维修阀中逐渐排出,并在安装前将剩余机油沿箭头指示方向从通风管中排出
2	安装含带轮的压缩机总成 安装含带轮的压缩机总成	使用梅花套筒扳手,用2个双头螺柱安装含带轮的压缩机总成 (1)用2个螺栓和2个螺母安装含带轮的压缩机总成; 提示:按如图所示顺序拧紧螺栓和螺母,拧紧力矩为25N·m。 (2)连接连接器
3	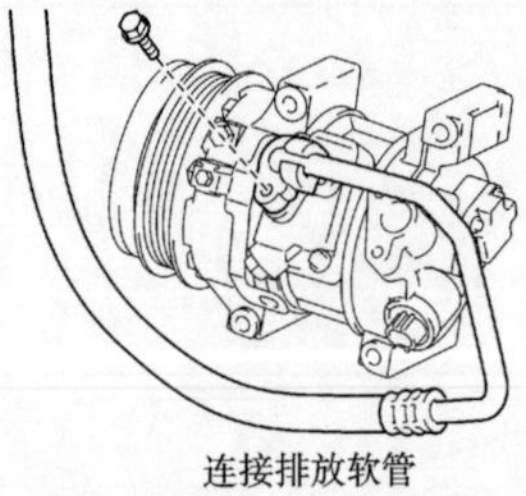 连接排放软管	(1)将缠绕的聚氯乙烯绝缘带从软管上拆下; (2)在新O形圈以及含带轮的压缩机总成的装配面上充分涂抹压缩机机油(ND-OIL8或同等产品); (3)将O形圈安装到排放软管上; (4)用螺栓将排放软管安装到含带轮的压缩机总成上,拧紧力矩为9.8N·m
4	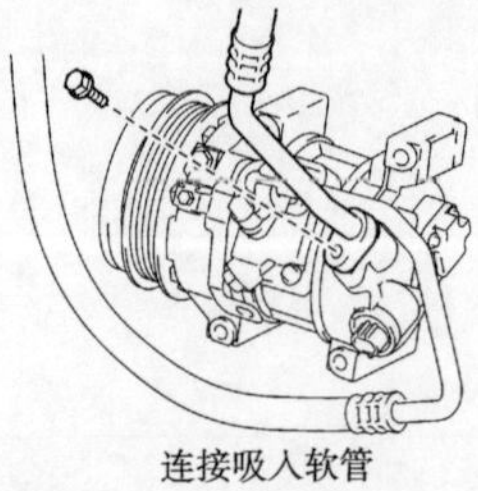 连接吸入软管	(1)将缠绕的聚氯乙烯绝缘带从软管上拆下; (2)在新O形圈以及含带轮的压缩机总成的装配面上充分涂抹压缩机机油(ND-OIL8或同等产品); (3)将O形圈安装到吸入软管上; (4)用螺栓将吸入软管安装到含带轮的压缩机总成上,拧紧力矩为9.8N·m

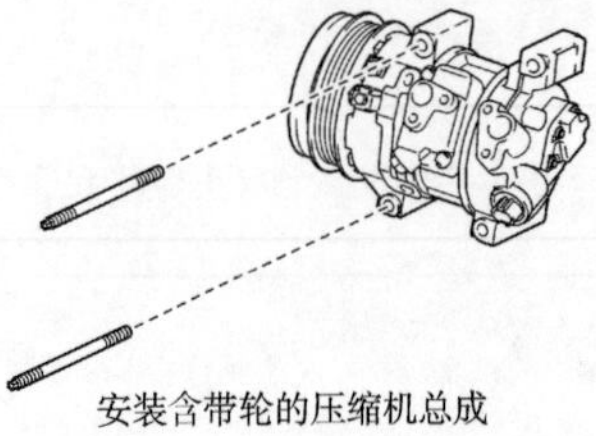

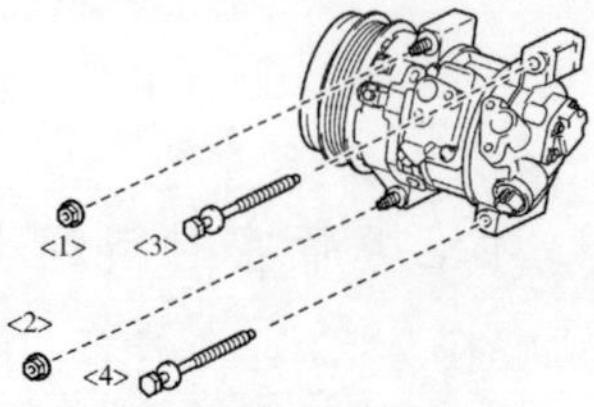

(4)制冷系统抽真空作业。

(5)补充加注冷冻机油。

(6)加注制冷系统制冷剂。

(7)系统检漏。

(8)系统性能测试。

三、评价与反馈

(1)对学习任务进行评价,考核项目和评分标准见表3-9。

评 分 表　　　　　　　　　　　　　　　　表3-9

考核项目	评分标准	分值	学生自评	小组评价	教师评价	小计
团队合作	是否和谐	5				
活动参与	是否积极主动	5				
安全生产	有无安全隐患	5				
现场5S管理	是否做到	5				
任务方案	是否正确、合理	15				
操作过程	拆卸与安装压缩机 系统抽真空 制冷剂加注 系统泄漏情况检查 制冷性能测试	40				
任务完成情况	是否圆满完成	5				
工具和设备使用	是否规范、标准	10				
劳动纪律	是否能严格遵守	5				
工单填写	是否完整、规范	5				
总分		100				
教师签名:			年　月　日		得分	

(2)能否向顾客解释压缩机不正常工作导致汽车空调制冷不足的诊断及排除过程?如不能,请分析原因并提出改进措施。

四、学习拓展

(1) 如果检查发现冷凝器存在泄漏现象,查阅维修手册写出故障处理步骤。

(2) 制冷系统有很多种类型的堵塞,包括高压端加注口后堵塞;高压端加注口前堵塞;低压端加注口后堵塞;低压端加注口前堵塞。根据所学知识分析其故障原因并完成表 3-10。

故障现象及原因　　　　　　　　　　　　　表 3-10

故障现象	直观检查	原因
(1) 高压侧压力高,低压侧压力低或正常; (2) 压缩机有噪声; (3) 高压开关无法关闭系统,但低压开关有可能关闭系统; (4) 堵塞前高压软管非常热; (5) 堵塞后高压软管从冷变热	高压端加注口后堵塞	
(1) 高压侧压力低,低压侧压力低或正常; (2) 压缩机有噪声; (3) 高压开关无法关闭系统,但低压开关有可能关闭系统; (4) 堵塞发生前高压软管很热; (5) 堵塞后,软管从冷到热	高压端加注口前堵塞	

学习任务三　压缩机异响故障的检修

续上表

故障现象	直观检查	原因
(1)高压侧压力低,低压侧压力高; (2)低压开关能够关闭空调系统; (3)低压软管于堵塞前结霜	低压端加注口后堵塞	
(1)高压侧压力低,低压侧压力低或真空; (2)低压开关能够关闭空调系统; (3)低压软管于堵塞前结霜	低压端加注口前堵塞	

学习任务四
手动空调出风口无冷风故障的检修

完成本学习任务后,你应当能:
1. 叙述空调电磁离合器的结构及其工作原理;
2. 叙述电磁阀改变压缩机排量的工作原理;
3. 叙述手动空调控制电路的控制原理;
4. 借助电路图和维修手册,对手动空调电路进行检查分析;
5. 借助电路图和维修手册,对手动空调电路进行维修。

 建议完成本学习任务的时间为 17 课时。

 学习任务描述

一辆配置手动空调的卡罗拉 2014 款 1.6GL 轿车,车主反映:空调运行出风口无冷风吹出。对制冷系统进行初步诊断为空调压缩机不工作故障,需要对空调控制电路进行检测,确定故障部位并进行修理。

学习任务四　手动空调出风口无冷风故障的检修

学习内容

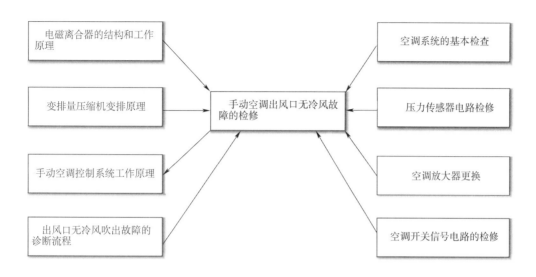

- -

一、资　料　收　集

引导问题 1　空调控制系统如何通过对制冷温度、发动机转速、制冷循环压力的控制实现汽车空调的安全可靠运行？

空调控制系统的控制功能有：温度控制、发动机转速控制、压力控制等，最终实现汽车空调制冷系统的正常工作，维持汽车内所需的舒适环境，防止制冷系统部件的损坏。图4-1所示为典型空调控制系统的组成。

1　蒸发器温度控制

当汽车空调系统连续工作时，蒸发器表面温度会逐渐降低。若蒸发器中的制冷剂流动不减弱，则蒸发器表面的冷凝水会逐渐结成冰块，以致无法进行热交换。因此控制蒸发器表面不结冰是使空调正常工作的基本任务之一。

2　转速控制

空调运行对某些汽车行驶工况有一定影响。例如，汽车急速运行时，压缩机运转会使发动机转速降低,导致怠速不稳定;汽车高速运行时,会因压缩机运转而影响超车能力。

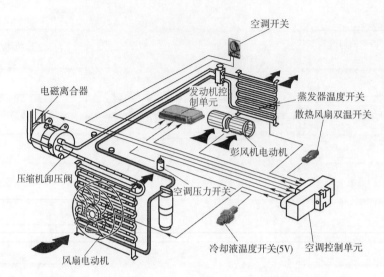

图4-1 空调控制系统的组成

3 安全保护

为使空调系统正常工作,还需有一系列安全保护设施,保护制冷系统机械部件不受破坏,如高压压力开关、低压压力开关、易熔塞、泄压阀、过热开关、熔断丝等。

> **引导问题2** 压缩机是空调制冷循环系统的动力源,空调控制系统通过控制压缩机的工作状态或调节压缩机的排量,实现制冷循环系统的正常工作,最终实现空调系统的安全可靠的运行。如何实现对压缩机的控制和排量调节?

压缩机按排量是否可变,可分为固定排量压缩机和可变排量压缩机。固定排量压缩机上有电磁离合器,通过电磁离合器可接通或断开压缩机的动力输入,从而控制压缩机的工作状态是运转或停止。可变排量压缩机上没有电磁离合器,起动空调后压缩机一直运转,排量的调节是通过压缩机上的电磁阀来实现。

1 有电磁离合器的压缩机

汽车空调用的电磁离合器是将动力从发动机传递到压缩机的动力连接装置(图3-2)。其作用是在不需要使用空调设备的时候或者在车厢内温度达到规定温度、制冷系统压力异常时,中断动力传递,使压缩机停止运转;在需要时,接通动力传递使压缩机工作。

❶ 电磁离合器的结构

如图4-2所示,电磁离合器由定子(电磁线圈)、转子(带轮)、前板(压板)等元件组成。压板和压缩机轴安装在一起,定子通过卡子开口环固定到压缩机的前壳上。内线圈中产生的电磁力吸引前板贴近转子。转子包括轴承和带轮并在发动机正常运转时转动,通过发动机曲柄带轮和传动带把动力传送给压缩机的中心块。中心块包括离合器板的啮合件和压缩机轴,并通过啮合件把转子的动力传送给压缩机。

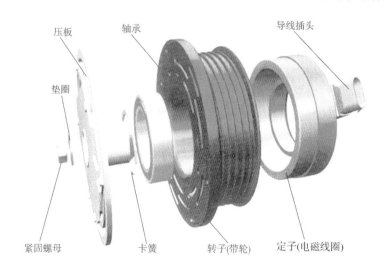

图4-2 电磁离合器的结构

小提示

有些电磁离合器的电磁线圈是固定不动的,称为定圈式电磁离合器。有些电磁离合器的电磁线圈与离合器一起转动,称为动圈式电磁离合器。动圈式电磁离合器通过电刷与集电环将电流引入电磁线圈。

❷ 电磁离合器的工作原理

当电流通过电磁线圈时,产生较强的磁场,将压缩机的电磁离合器压板吸贴在带轮端面并随之转动,从而驱动压缩机主轴旋转,压缩机开始工作,如图4-3所示。

当电磁离合器线圈断电时,电流不会通过定子线圈,此时定子的磁场消失,此时压板和带轮分开,带轮空转,压缩机停止工作,如图4-4所示。

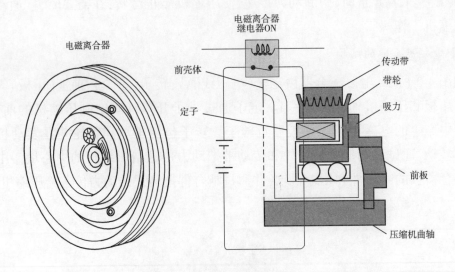

图 4-3　电磁离合器接合的工作状态

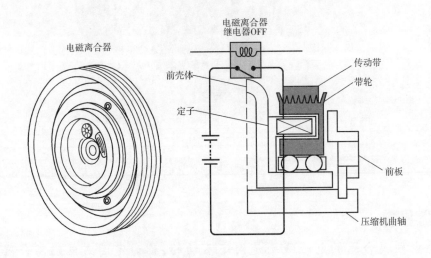

图 4-4　电磁离合器分离的工作状态

3 电磁离合器的常见故障

电磁离合器故障主要有离合器打滑、离合器接合不完全和离合器不接合等。产生故障的原因主要有离合器表面有油污、离合器磨损过甚、压板和带轮间的间隙过大或过小、电磁线圈故障或者搭铁不良等。

 小提示

电磁离合器使用注意事项：

(1)电磁离合器的接合与分离是高速进行的,因此在压板与转子表面会有很多离合器摩擦的痕迹,这些痕迹对工作不会造成危害。

(2)电磁线圈和转子之间的间隙很重要。电磁线圈与转子应靠得尽量近,以便获得更强的磁场作用,但间隙也不能过小,以免转子刮磨线圈。

2 无电磁离合器的压缩机

现在的很多车用空调机中,为满足节能和舒适度的需要,开发出了无电磁离合器的可变排量压缩机。这种压缩机的排量可以根据空调的制冷负荷通过电磁阀进行调节。

可变排量系统有可以改变活塞行程的可变行程系统(图4-5)、在压缩过程中一部分制冷剂气体返回到吸入侧的气体旁路可变容量系统(图4-6)、可以改变正在运行气缸数量的可变气缸运行系统(图4-7)等几种。

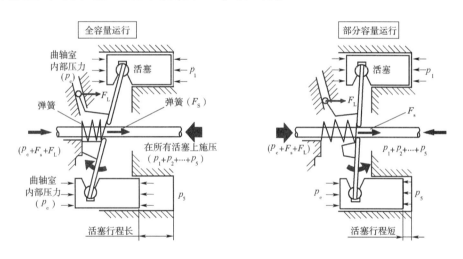

图4-5 可变行程型压缩机的工作原理图

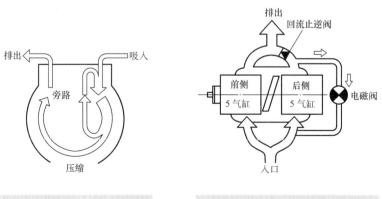

图4-6 气体旁路可变容量系统　　图4-7 可变气缸运行系统

卡罗拉1.6L轿车手动空调的压缩机是连续可变排量型压缩机,它的排量可以根据空调的制冷负荷进行调节。该压缩机由轴、斜板、活塞、滑蹄、气缸和电磁阀组成。电磁阀调整吸气压力,以使吸气压力可以根据需要进行调节。

> **引导问题3** 手动空调是指对车内空气的温度、风速、风向、空气循环模式及制冷和采暖模式是由人工选择和调节,手动空调包括传统的手动空调和带智能控制的手动空调。它们有什么区别?

手动调节空调由驾驶人拨动控制面板的功能键和转动调节旋钮完成对温度、风向、风速等的调节。空调系统按照驾驶人所设定的温度和鼓风机转速工作,鼓风机的转速以鼓风机控制开关设定的转速挡位运转,是恒定不变的。

1 传统手动空调控制电路

传统手动空调工作时,由驾驶人设定所需的温度,控制电路通过电磁离合器的接通和断开来控制压缩机的运转或停止,从而达到设定温度并维持温度恒定。图4-8所示为典型的传统手动空调电磁离合器控制电路,常见的空调压缩机电磁离合器是受压力开关、温控开关和空调开关等一起控制的。如果制冷系统发生故障,不能满足任何一个开关所限定的条件,空调继电器将切断电磁离合器电路,保护压缩机及制冷系统。当条件满足之后,空调继电器自动接通电磁离合器电路,制冷系统继续工作。

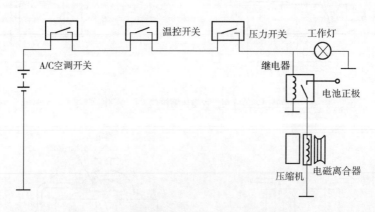

图4-8 典型的传统手动空调电磁离合器控制电路

2 带智能控制的手动空调控制电路

带智能控制的手动空调又称半自动空调,所谓半自动空调即空调的温度调节是

学习任务四 手动空调出风口无冷风故障的检修

自动的（根据所设定的预期温度值，自动调整出风口冷热量），其余如风道的方向、风量的大小以及关闭开启内循环则是手动的。半自动空调与手动空调控制系统最明显的区别是使用了空调放大器，如图4-9所示。

半自动空调的控制系统主要包括传感器、空调放大器和执行元件三部分。图4-10所示为卡罗拉手动空调电路原理图。

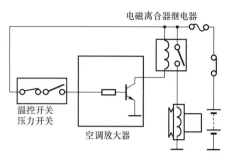

图4-9 使用放大器的控制电路示意图

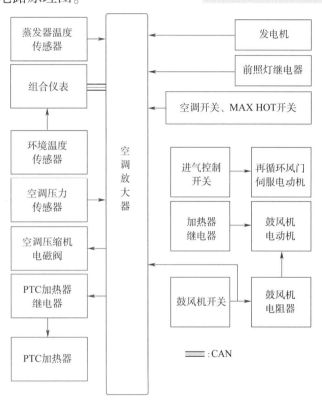

图4-10 卡罗拉手动空调电路原理图

引导问题4 空调主要控制电路包括压缩机控制电路、鼓风机控制电路。各电路的作用和工作原理是怎样的？

1 压缩机控制电路

卡罗拉轿车手动空调控制系统主要包括传感器、空调放大器和执行元件三部分。制冷系统工作时，空调放大器根据设定的温度、环境温度、蒸发器温度、系统压力等信号,控制压缩机电磁控制阀的电流,从而控制压缩机的输出量。

1 蒸发器温度传感器

蒸发器温度传感器采用负温度系数的热敏电阻,安装在蒸发器表面。该传感器检测通过蒸发器的冷却空气的温度,向空调放大器发送信号,用于控制空调运行,防止蒸发器冻结。蒸发器温度传感器电阻随着通过蒸发器的冷却空气温度的变化而变化。空调放大器将电压(5V)施加到蒸发器温度传感器上,并且在蒸发器温度传感器的电阻改变时读取它的电压变化值,如图4-11所示。

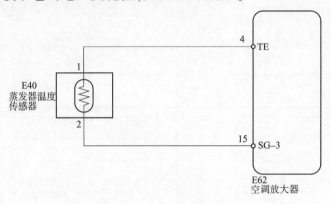

图4-11 蒸发器温度传感器电路图

2 空调压力传感器

空调压力传感器安装在高压管上,用来检测制冷剂压力,并将此信号输出到空调放大器,空调放大器根据传感器特性将该信号转换为压力,以控制压缩机,如图4-12所示。

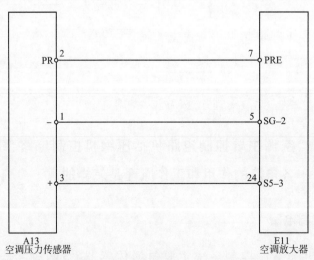

图4-12 压力传感器控制图

3 环境温度传感器

环境温度传感器安装在冷凝器前面,用来检测驾驶室室外温度,并通过 CAN 通信系统向空调放大器发送相应的信号,如图 4-13 所示。

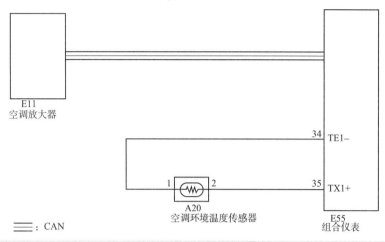

图 4-13 环境温度传感器控制图

卡罗拉轿车手动空调工作的必备条件是空调开关和鼓风机开关闭合,空调放大器接收到蒸发器温度传感器、压力传感器、环境温度传感器和曲轴位置传感器等的信号,向压缩机发出工作指令,此时压缩机电磁阀由空调放大器接通,压缩机工作并根据放大器的信号改变输出量。因此,若空调放大器发生故障,或者是空调开关信号电路、蒸发器温度传感器信号电路、压力传感器信号电路、电磁阀信号电路等发生故障,压缩机将无法工作。

2 鼓风机电路

图 4-14 所示为串联电阻型鼓风机控制电路,选择不同挡位时电阻值不同,从而改变风机的转速。

鼓风机控制电路的工作原理:L 挡时,电阻值为 $R_1 + R_2$,转速低;M 挡时,电阻值为 R_1,转速中;H 挡时,没有流经电阻,转速高。

鼓风机控制电路与压缩机电磁离合器控制电路的关系:风机调节开关与压缩机电磁离合器线圈为串联。若不启动鼓风机,制冷系统不能工作,原因是若制冷系统工作而鼓风机不工作,会导致蒸发器表面结冰,且蒸发器周围空气不能与车厢内空气进行热交换,因此没有制冷效果。

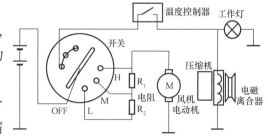

图 4-14 鼓风机基本电路示意图

图 4-15 所示为卡罗拉轿车手动空调鼓风机控制电路图,当人工操作加热器控制

器(鼓风机开关)时,继电器(HTR)将起动以允许电流流向鼓风机电动机,电动机将开始转动。操作鼓风机开关切换鼓风机电阻器和车身搭铁之间的电流,以此来改变鼓风机电动机的转速。

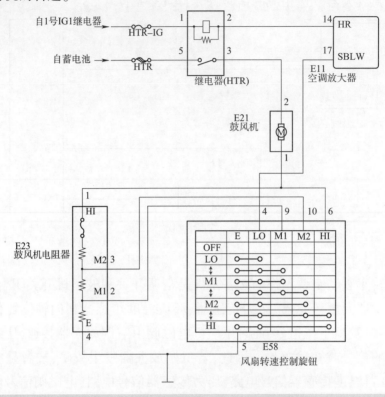

图4-15 卡罗拉轿车手动空调鼓风机控制电路图

引导问题5　卡罗拉轿车手动空调压缩机不工作造成无冷风吹出故障,其检修的工艺流程是怎样的?

卡罗拉轿车手动空调会造成压缩机不工作故障的原因见表4-1。

压缩机不工作的原因分析　　　　　　　表4-1

故障	可疑部位
压缩机不工作造成无冷风吹出	制冷剂压力、制冷剂量
	压力传感器电路
	压缩机电磁阀电路
	蒸发器温度传感器电路
	环境温度传感器电路
	空调开关信号电路
	空调放大器

图4-16所示为无冷风吹出故障检修流程图。

学习任务四 手动空调出风口无冷风故障的检修

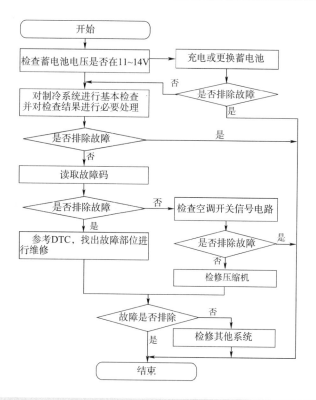

图 4-16 无冷风吹出故障检修流程图

二、实 施 作 业

引导问题 6 空调出风口检修作业需要哪些工具、设备和材料？

（1）万用表、智能测试仪、歧管压力表、套筒、扳手等。
（2）磁力护裙、转向盘护套、变速杆手柄套、脚垫、座椅套和干净抹布。
（3）熔断丝、线束和相关传感器。
（4）丰田卡罗拉轿车维修手册。

引导问题 7 通过查询和查找，填写以下信息。

生产年份_____，车辆号牌_____，行驶里程_____，发动机型号及排量_____，车辆识别代号（VIN）_____。

引导问题8 作业前的准备工作有哪些？

(1)汽车进入工位前，将工位清理干净，准备好相关的器材。
(2)铺设脚垫，套上座椅套、转向盘护套、变速杆手柄套。
(3)拉紧驻车制动器操纵杆，并将变速杆置于空挡或驻车挡(P挡)位置。
(4)在车内拉动发动机舱盖手柄，在车外打开并支撑发动机舱盖。
(5)粘贴翼子板和前脸磁力护裙。

引导问题9 故障检修的方法有看、听、摸、测。在检测前，需对制冷系统进行基本检查。基本检查的内容有哪些？

按照表4-2所列出的检查项目，在对应位置进行检查，并对结果进行相应的处理。

制冷系统的基本检查表 表4-2

序号	检查项目	检查条件	检查结果	处理方法
1	空调压力传感器线束接头	不起动发动机	(1)牢固； (2)松动或损坏	(1)正常； (2)重新安装或更换
2	环境温度传感器线束接头	不起动发动机	(1)牢固； (2)松动或损坏	(1)正常； (2)重新安装或更换
3	冷凝风扇线束接头	不起动发动机	(1)牢固； (2)松动或损坏	(1)正常； (2)重新安装或更换
4	冷凝器散热片	不起动发动机	(1)表面干净且不变形； (2)表面有异物； (3)变形	(1)正常； (2)清洗； (3)校正
5	压缩机传动带	不起动发动机	(1)表面无裂纹、张紧度适中； (2)张紧度过紧或过松； (3)表面有裂纹	(1)正常； (2)调整张紧度； (3)更换传动带
6	压缩机电磁阀线束接头	不起动发动机	(1)牢固； (2)松动或损坏	(1)正常； (2)重新安装或更换
7	各管道接口	不起动发动机	(1)无油渍或荧光剂； (2)有油渍或荧光剂	(1)正常； (2)检漏
8	高低压管压力检查	起动发动机、打开空调开关	(1)高、低压压力严重偏低，低于200kPa； (2)高、低压压力相等	(1)检漏并加注制冷剂到规定值； (2)检修压缩机控制电路

续上表

序号	检查项目	检查条件	检查结果	处理方法
9	确认故障	起动发动机、打开空调开关	（1）间断式的无冷风吹出； （2）一直无冷风吹出	（1）冰堵故障,更换储液干燥器； （2）检修压缩机控制电路

引导问题10 ▶ 故障码可以帮助维修人员快速找到故障部位,如何读取故障码（DTC）？

（1）用智能测试仪进行DTC检查。连接智能测试仪,将点火开关转到ON,打开测试仪,读取并记录输出的故障码。

（2）清除DTC。

（3）重新检查DTC。

记录输出的DTC,对照卡罗拉手动空调故障码表（表4-3）,检测对应的项目,找出对应故障部位进行检修。

卡罗拉手动空调故障代码表　　　　　　　　　　　　　表4-3

DTC	检测项目	故障部位及原因
B1412	环境温度传感器电路	（1）环境温度传感器开路或短路； （2）传感器和组合仪表间的线束或连接器开路或短路； （3）组合仪表故障； （4）空调放大器故障； （5）CAN通信系统故障
B1413	蒸发器温度传感器电路	（1）蒸发器温度传感器开路或短路； （2）传感器与空调放大器之间的线束或连接器开路或短路； （3）空调放大器故障
B1423	压力传感器电路	（1）压力传感器开路或短路； （2）传感器和空调放大器之间的线束或连接器开路或短路； （3）空调放大器故障； （4）膨胀阀（堵塞、卡滞）； （5）冷凝器（散热不良）； （6）储液干燥器（制冷剂循环的水分无法吸收）； （7）冷却风扇系统（冷凝器无法冷却）； （8）空调系统（泄漏、堵塞）
B1451	压缩机电磁线圈电路	（1）压缩机电磁阀线圈开路或短路； （2）空调压缩机（压缩机电磁阀）和空调放大器或车身搭铁之间的线束或连接器开路或短路； （3）空调放大器故障

续上表

DTC	检测项目	故障部位及原因
B1488	制冷剂不足	制冷剂不足
U0100	与 ECM 失去通信	与 ECM 无通信
U0131	与电动转向 ECU 失去通信	与动力转向 ECU 总成无通信
U0142	与主车身 ECU 失去通信	与主车身 ECU(多路网络车身 ECU)无通信
U0155	与组合仪表失去通信	与组合仪表总成无通信

引导问题 11　若 DTC 为 **B1423**，经初步检查表明压力传感器及线路可能存在故障，怎样进行检修？

1 由控制电路引起的故障码为 **B1423** 的故障诊断流程(图 4-17)

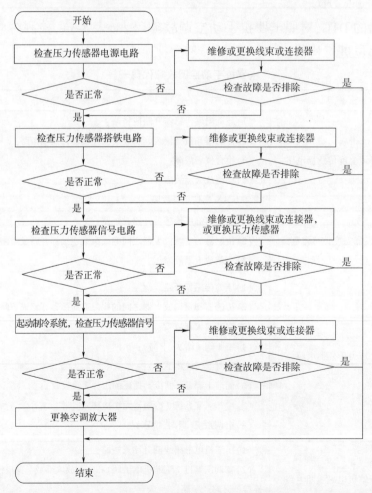

图 4-17　故障码为 B1423 的故障诊断流程图

学习任务四 手动空调出风口无冷风故障的检修

2 检查压力传感器的电源电路

(1)将连接器从空调压力传感器上断开,如图4-18所示。
(2)按照表4-4测量压力传感器电源端子电压。
(3)压力传感器电源端子电压测量结果分析:

①若实际测量的电压正常,说明压力传感器的电源电路正常,下一步应进行搭铁电路的检查。

图4-18 压力传感器连接器

测压力传感器电源端子电压值　　　　表4-4

测量端子	测量条件	标准值（V）	测 量 值
A13－3（＋）—车身搭铁	点火开关置于ON位置	4.75～5.25	

②若实际测量的电压不正常,说明压力传感器电源端子和空调放大器之间的线束或者空调放大器有故障,应进行相关的检测,步骤如下:

a. 测量相关端子电阻值:将连接器从空调放大器上断开,如图4-19所示;按照表4-5测量端子间的电阻值。

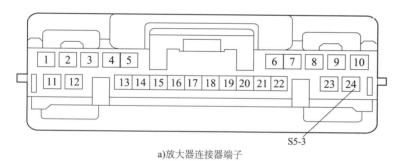

a)放大器连接器端子

b)压力传感器连接器端子

图4-19 放大器和压力传感器连接器端子

测量电源端子和放大器线束电阻值　　　　表4-5

测量端子	标准值（Ω）	测 量 值
A13—3（＋）—E11—24（S5-3）	<1	
E11—24（S5-3）—车身搭铁	1万或更大	

b. 对检测结果的处理:若测量的实际电阻正常,应更换空调放大器;若测量的实际电阻不正常,应修理、更换线束或连接器。

3 检查压力传感器的搭铁电路

(1)图4-20所示为搭铁端子,按照表4-6测量压力传感器搭铁端子(连接器侧)与车身搭铁之间电阻。

（2）压力传感器搭铁端子与车身搭铁之间电阻检测结果分析：

①若实际测量的电阻正常，说明压力传感器的搭铁电路正常，下一步应检查空调放大器的压力传感器信号端子。

图4-20 压力传感器连接器搭铁端子

压力传感器搭铁端子与车身搭铁之间标准电阻　　　　　　　　　　　表4-6

测量端子	标准值(Ω)	测量值
A13—1(-)—车身搭铁	<1	

②若实际测量的电阻不正常，说明压力传感器搭铁端子(连接器侧)和空调放大器之间的线束或者空调放大器有故障，应进行相关的检测，步骤如下：

a. 测量相关端子电阻值：将连接器从空调放大器上断开，如图4-21所示；按照表4-7测量端子间的电阻值。

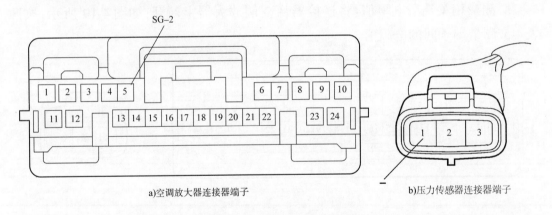

a)空调放大器连接器端子　　　　　　　b)压力传感器连接器端子

图4-21 空调放大器和压力传感器搭铁端子

测量传感器搭铁线束及放大器与车身搭铁电阻　　　　　　　　　　表4-7

测量端子	标准值(Ω)	测量值
A13—1(-)—E11—5(SG-2)	<1	
E11—5(SG-2)—车身搭铁	1万或更大	

b. 对检测结果的处理：若测量的实际电阻正常，应更换空调放大器；若测量的实际电阻不正常，应修理、更换线束或连接器。

4 检查压力传感器信号电路

（1）将连接器重新连接到空调压力传感器上。在连接器仍然连接的情况下，拆下空调放大器，如图4-22所示。

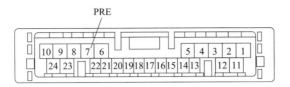

图 4-22　空调放大器压力信号端子

(2)按照表 4-8 测量空调放大器压力信号端子电压值。

空调放大器压力信号端子标准电压　　　　表 4-8

测量端子	测量条件	标准值(V)	测量值
E11-7(PRE)—车身搭铁	点火开关置于 ON 位置(空调 OFF)	0.62～4.73	

(3)空调放大器压力信号端子电压检测结果分析:

①若实际测量的电压值正常,说明压力传感器的信号电路正常,下一步应在制冷系统工作的情况下,检查压力传感器的信号电路。

②若实际测量的电压不正常,说明压力传感器信号端子和空调放大器之间的线束或者压力传感器有故障,应进行相关的检测,步骤如下:

a.测量相关端子电阻值:将连接器从空调放大器上断开,如图 4-23 所示;按照表 4-9 测量端子间的电阻值。

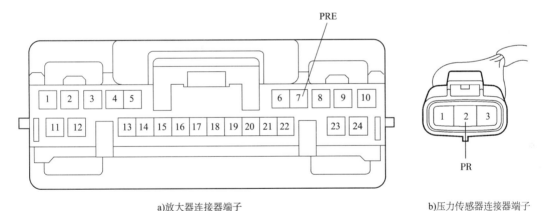

a)放大器连接器端子　　　　　　　　　　　　b)压力传感器连接器端子

图 4-23　放大器和压力传感器信号端子

放大器和传感器信号端子线束标准电阻　　　　表 4-9

测量端子	标准值(Ω)	测量值
A13-2(PR)—E11-7(PRE)	<1	
E11-7(PRE)—车身搭铁	1 万或更大	

b.对测量结果分析:若测量的实际电阻不正常,应修理、更换线束或连接器;若测量的实际电阻正常,应检查压力传感器,步骤如下:

a)检查压力传感器。安装歧管压力表组件,将连接器从空调压力传感器上断开;将3节1.5V干电池的正极引线连接到端子3,将负极引线连接到端子1;将电压表正极引线连接到端子2上,负极引线连接到端子1上,如图4-24所示;按照表4-10测量压力传感器信号端子电压。

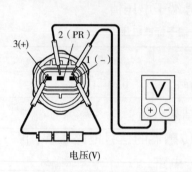
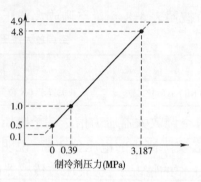

图4-24 压力传感器检测示意图

压力传感器信号端子标准电压　　　　　　　　　　　表4-10

测量端子	测量条件	标准值(V)	测量值
2—1	制冷剂压力:0.39~3.187MPa	1.0~4.8	

b)对压力传感器检测结果的处理:若测量的实际电压正常,应更换空调放大器;若测量的实际电压不正常,应更换空调压力传感器。

5 在空调运行的情况下,检查压力传感器信号电路

(1)起动空调并设定以下条件,见表4-11。

空调运行状态　　　　　　　　　　　表4-11

项　目	条　件
车门	完全开启
温度设定	最冷
鼓风机转速	HI(最高挡)
空调开关	ON
R/F开关	再循环方式
内部温度	25~35℃
发动机转速	2000r/min

(2)如图4-25所示,按照表4-12在不断开连接器的情况下测量传感器信号端子电压。

学习任务四 手动空调出风口无冷风故障的检修

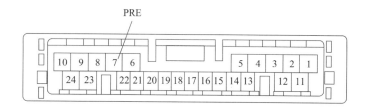

图4-25 空调放大器压力信号端子

空调运行中传感器信号端子标准电压　　　　表4-12

测量端子	测量条件	标准值(V)	测量值
E11—7（PRE）—车身搭铁	点火开关置于ON位置(空调:ON)	0.62～4.73	

（3）对检测结果分析：

①若实际测量的电压正常，说明压力传感器的信号电路正常。因此可以判断出现DTC代码B1423的原因是空调放大器出现故障，应更换空调放大器。

②若实际测量的电压不正常，说明运行空调后，压力传感器信号端子和空调放大器之间的线束或者空调放大器有故障，应进行进一步的检测。

引导问题12 若经检测表明空调放大器有故障，需要更换，如何规范操作？

1 拆卸

（1）拆卸前2号地板控制台嵌入件，如图4-26所示。

（2）拆卸空调放大器总成。

①断开各连接器，如图4-27所示。

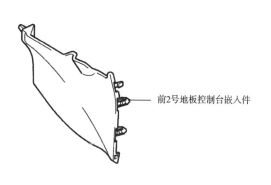

图4-26 拆卸前2号地板控制台嵌入件

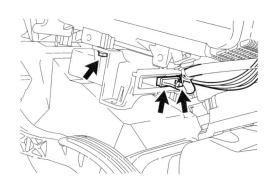

图4-27 断开各连接器

②拆下螺钉,拆下空调放大器总成,如图4-28所示。

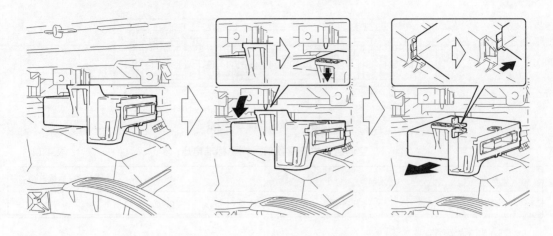

图4-28 拆下空调放大器总成

2 安装

(1)按拆卸空调放大器总成的相反顺序安装放大器总成。

(2)安装前2号地板控制台嵌入件。

引导问题13 如果读取故障码时无故障码输出,需对空调开关信号电路进行检修,如何检查空调开关信号电路是否正常?

如果无故障码输出,需对空调开关信号电路进行检修,检修的方法见表4-13。

空调开关信号电路检修　　　　　　　　　表4-13

检查部位	检查方法			结果分析
熔断丝	将HTR-IG熔断丝从仪表板接线盒上拆下。测量电阻,正常值小于1Ω			若不正常,更换熔断丝
检查空调开关	(1)断开空调开关的线束,测量			若不正常,更换空调开关;若正常,进入下一步
	测量端子	测量条件	标准值(Ω)	
	E22—2(B)—E22—3(A/C)	空调开关:打开	<1	
		空调开关:关闭	1万或更大	
	E22—7(B)—E22—8(E)	(MAX HOT):打开	<1	
		(MAX HOT):关闭	1万或更大	
	(2)将蓄电池正极引线连至端子3,负极引线连至端子4,检查并确认指示灯亮起			

学习任务四　手动空调出风口无冷风故障的检修

续上表

检查部位	检查方法			结果分析
检查空调开关-蓄电池	测量电压			
	测量端子	测量条件	标准值(V)	
	E22—2（B）—车身搭铁	点火开关置于ON（IG）位置	11~14	若不正常,维修或更换线束或连接器; 若正常,进入下一步
		点火开关置于OFF位置	<1	
	E22—7（B）—车身搭铁	点火开关置于ON（IG）位置	11~14	
		点火开关置于OFF位置	<1	
检查空调开关-空调放大器	连接器从空调放大器上断开。测量有关端子间电阻			
	测量端子		标准值(Ω)	
	E22—3（A/C）—E11—2（A/C）		<1	若不正常,维修或更换线束或连接器; 若正常,空调信号开关检查结束
	E22—4（AIND）—E11-16（LED）		<1	
	E22—8（E）—E11-3（HEAT）		<1	
	E22—3（A/C）—车身搭铁		1万或更大	
	E22—4（AIND）—车身搭铁		1万或更大	

三、评价与反馈

对学习任务进行评价,考核项目和评分标准见表4-14。

评　分　表　　　　　　　　　　　　　　　表4-14

考核项目	评分标准	分值	学生自评	小组评价	教师评价	小计
团队合作	是否和谐	5				
活动参与	是否积极主动	5				
安全生产	有无安全隐患	10				

续上表

考核项目	评分标准	分值	学生自评	小组评价	教师评价	小计
现场5S管理	是否做到	10				
任务方案	是否正确、合理	15				
操作过程	制冷系统基本检查 读取故障码 压力传感器电路检修 空调开关信号电路检修	30				
任务完成情况	是否圆满完成	5				
工具和设备使用	是否规范、标准	10				
劳动纪律	是否能严格遵守	5				
工单填写	是否完整、规范	5				
	总分	100				
教师签名：			年　　月　　日		得分	

四、学习拓展

（1）若检查DTC时，测试仪输出B1451代码，参考维修手册，制订检修压缩机电磁阀电路的计划。

（2）制订更换空调压力传感器的工作计划。

学习任务五
自动空调出风口无冷风故障的检修

学习目标

完成本学习任务后,你应当能:
1. 叙述自动空调的特点和功能;
2. 叙述自动空调的组成与手动空调的异同;
3. 叙述自动空调电控系统的组成和工作原理;
4. 使用自动空调自诊断功能读取故障码;
5. 借助维修手册,安全规范地对自动空调进行检修。

建议完成本学习任务的时间为 **14 课时**。

学习任务描述

一辆配置了自动空调的卡罗拉 2014 款 1.8L 轿车,车主反映:空调起动后,出风口无冷风吹出。对制冷系统进行初步诊断为空调压缩机不工作故障,需要你对空调控制电路进行检测,确定故障部位并进行修理。

学习内容

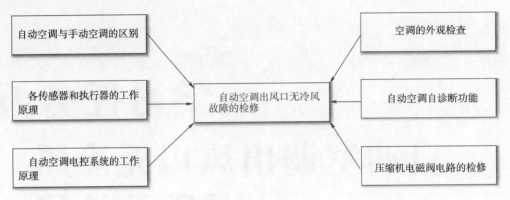

一、资料收集

引导问题 1 自动空调相对于手动空调自动控制和调节程度更高,与手动空调相比自动空调有何不同?

汽车手动空调需要人工手动设定鼓风机转速、通风模式、空气循环方式和通风温度,空调系统不能自动根据车内、外环境温度与太阳辐射的变化来调整工作状态。自动空调采用计算机控制系统,自动检测车内、外环境温度及太阳辐射等,根据驾驶人所设定的温度,自动调节鼓风机所送出的空气温度和鼓风机转速,从而将车内温度保持在设定温度范围内。有些高级轿车的自动空调还能进行进气控制、气流方式控制和压缩机控制,真正实现空调的自动控制。

1 控制面板不同

手动空调的控制面板是由几个控制旋钮组成,通过转动控制旋钮来设定温度、风速和通风模式等。

自动空调的控制面板采用按键,操作更简便,同时有自动模式 AUTO 键,能实现风速、风向和新鲜空气的自动控制,另外还能通过液晶显示屏显示所设置的温度。

图 5-1 所示为卡罗拉轿车自动空调控制面板。

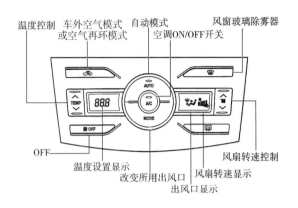

图 5-1 卡罗拉轿车自动空调控制面板

2 系统组成不同

相比手动空调系统的组成(图 5-2),自动空调系统有一套自动控制系统。自动空调是在手动空调的基础上,采用了由传感器、执行器和控制单元(空调放大器)组成的控制系统,控制系统按设定的要求自动控制空调的运行。

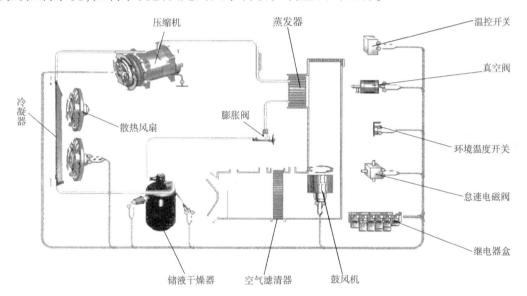

图 5-2 手动空调系统的组成

3 自动空调有自诊断功能

汽车自动空调系统都具有自诊断功能,自诊断是电脑在程序控制下自动对电气系统进行的诊断检查,是检测自动空调电控系统是否正常工作的一种有效方法。自诊断不是每时每刻都进行诊断,要进行自诊断必需调用自诊断程序,即进入自诊断操作。自诊断程序启动后,系统就按厂家设计的程序对自动空调系统内电器的功能状况进行诊断检查,并将结果直接显示出来,如图5-3所示。该功能只能对空调系统中的电器、电路进行自检测而不能对制冷回路中制冷剂的工作状态进行检测。

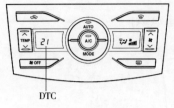

图5-3 自动空调自诊断功能

引导问题2 与手动空调相比,自动空调的控制系统有较大的差别,它是由哪些部分组成?

自动空调控制系统与其他自动控制系统相同,由传感器、电控单元(空调放大器)和执行器组成,如图5-4所示。

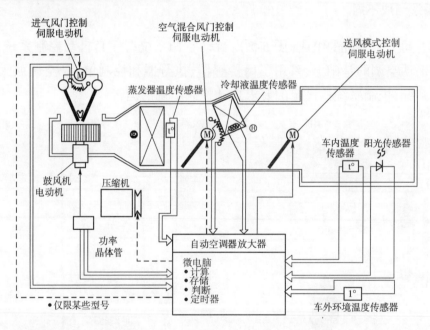

图5-4 自动空调控制系统组成示意图

传感器包括:空调压力传感器、车内温度传感器、蒸发器温度传感器、环境温度传感器、阳光传感器等。

执行器包括:空调压缩机电磁阀、PTC加热器继电器、鼓风机电动机、空气混合风门控制伺服电动机、通风模式控制伺服电动机、进气风门控制伺服电动机、后除雾继电器等。

控制单元:空调放大器。

引导问题3 ▶ 自动空调电控系统中的传感器是如何工作的?

汽车空调系统的传感器作用是探测、感受外界的信号、条件(如车内温度、制冷剂压力、发动机冷却液温度等),并将探知的信息以电信号的形式传递给控制单元(放大器)。控制单元(放大器)以传感器提供的信息为依据,对空调系统进行有效控制。图5-5所示为典型的自动空调传感器的位置图。

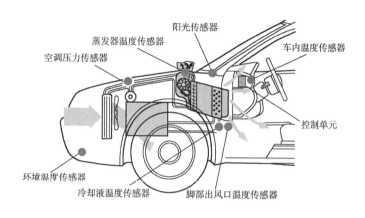

图5-5 典型的自动空调传感器位置图

1 车内温度传感器

车内温度传感器是一个具有负温度系数的热敏电阻,一般安装在仪表板下端。当车内温度发生变化时,热敏电阻的阻值改变,控制单元(空调放大器)通过电阻值的变化获知温度变化,车内温度传感器电路如图5-6所示。

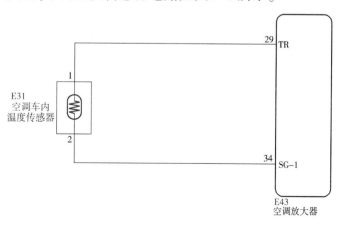

图5-6 卡罗拉自动空调车内温度传感器电路

2 环境温度传感器

如图 5-7 所示,车外环境温度传感器一般安装在前保险杠的下端。车外环境温度传感器也是一个负温度系数热敏电阻。车外环境温度传感器电路如图 5-8 所示。

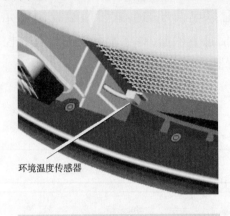

图 5-7 环境温度传感器的安装位置

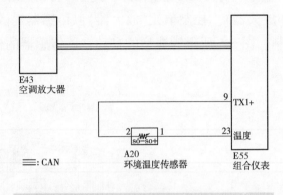

图 5-8 环境温度传感器电路

3 蒸发器温度传感器

蒸发器温度传感器也是一个负温度系数热敏电阻,安装在蒸发器壳体上,用以检测制冷装置内部的温度变化。当蒸发器周围温度发生变化时,传感器电阻的阻值随之改变,并向自动空调控制单元(空调放大器)输出电信号,蒸发器温度传感器电路如图 5-9 所示。

图 5-9 卡罗拉自动空调蒸发器温度传感器电路

4 阳光传感器

阳光传感器是一个光敏二极管,安装在汽车前风窗玻璃下面,在 AUTO 模式下用来探测阳光和控制空调,如图 5-10 所示。利用光电效应,该传感器将阳光辐射程度转变成电信号,输送给自动空调控制单元(空调放大器),阳光传感器电路如图 5-11所示。

图 5-10 阳光传感器安装位置

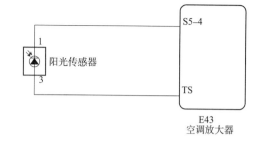

图 5-11 卡罗拉自动空调阳光传感器电路

5 空调压力传感器

空调压力传感器安装在制冷循环的高压管上,用来检测制冷剂压力,并将此信号输出到自动空调控制单元(空调放大器),空调放大器根据传感器特性将该信号转换为压力,以控制压缩机,当高压管内压力过高或过低时,空调放大器停止压缩机工作并输出故障码。空调压力传感器电路如图 5-12 所示。

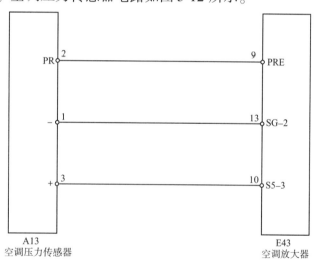

图 5-12 卡罗拉自动空调压力传感器电路

6 冷却液温度传感器

冷却液温度传感器一般安装在加热器芯底部的水道上,用来检测冷却液温度。产生的冷却液温度信号输送给自动空调控制单元(空调放大器),用于低温时的冷凝风扇风机转速控制。

7 进气风门位置传感器

进气风门位置传感器位于进气风门控制伺服电动机总成内,用来检测进气风门位置并将信号发送至自动空调控制单元(空调放大器),进气风门位置传感器电路如图 5-13 所示。

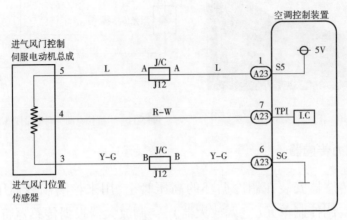

图 5-13　进气风门位置传感器电路

引导问题 4　自动空调电控系统中的执行器是如何工作的?

汽车空调系统执行器的作用是根据控制单元(放大器)发出的指令,采取相应的运行模式,以维持空调系统的正常运行。执行器主要包括进气风门控制伺服电动机(空气进口伺服电动机)、空气混合风门控制伺服电动机、通风模式控制伺服电动机(气流伺服电动机)等。图 5-14 所示为典型的自动空调执行器的位置图。

1　进气风门控制伺服电动机

进气风门控制伺服电动机用来控制进气风门方式,包括电动机、齿轮和移动盘等,如图 5-15 所示,按下新鲜空气开关将起动伺服电动机,电动机转动进气挡板,进气口打开;当按下再循环开关时,进气挡板转动,进气口关闭。

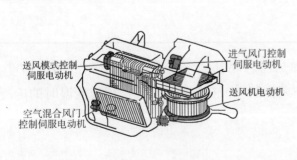

图 5-14　典型的自动空调执行器的位置图　　　图 5-15　进气风门控制伺服电动机电路

2 空气混合风门控制伺服电动机

进行温度控制时,自动空调控制单元(空调放大器)首先根据驾驶人设置的温度及各传感器输送的信号,计算出所需要的通风温度,控制空气混合风门伺服电动机连杆顺时针或逆时针转动,改变空气混合风门的开启角度,从而改变冷风、暖风的混合比例,调节通风温度与计算值相符。电动机内电位计的作用是向自动空调控制单元(空调放大器)输送空气混合风门的位置信号,空气混合风门控制伺服电动机电路如图5-16所示。

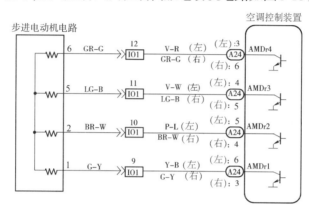

图5-16　空气混合风门控制伺服电动机电路

3 通风模式控制伺服电动机

当按下操纵面板上某个通风模式键时,自动空调控制单元(空调放大器)使电动机上的相应端子搭铁,而电动机内的驱动电路据此使电动机连杆转动,将通风控制风门转到相应的位置上,打开某个通风通道。当按下"自动控制"键时,自动空调控制单元(空调放大器)根据计算结果(通风温度),在吹脸、吹脸脚和吹脚三者之间自动改变通风模式,通风模式控制伺服电动机电路如图5-17所示。

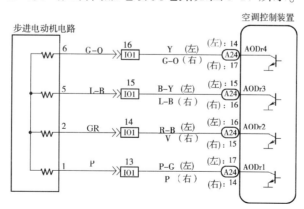

图5-17　通风模式控制伺服电动机电路

4 压缩机电磁阀线圈

对于变排量压缩机,压缩机的工作是由压缩机电磁阀线圈控制,当压缩机电磁阀线圈通电时,压缩机工作。自动空调控制单元(空调放大器)通过压缩机电磁阀线圈控制压缩的运行。图 5-18 所示为卡罗拉轿车压缩机电磁阀线圈电路。

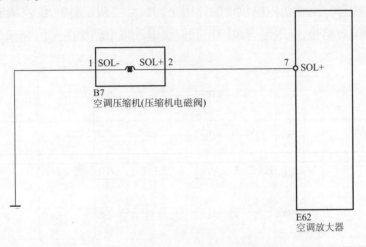

图 5-18　卡罗拉轿车压缩机电磁阀线圈电路

引导问题 5　自动空调电控系统的工作原理是怎样的?

自动空调电控系统主要由传感器、自动空调控制单元(空调放大器)和执行器组成。如图 5-19 所示,当驾驶人设定好温度,且空调工作在自动模式时,控制单元(空调放大器)就会不断地检测各种传感器采集来的信号,进行运算后,发出指令给相应的执行器,以保证车内空气的最佳调节状态。

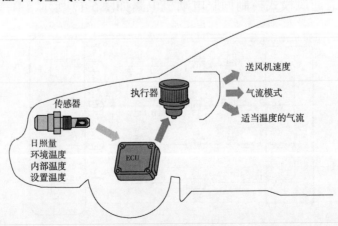

图 5-19　电控系统工作的简化图

学习任务五　自动空调出风口无冷风故障的检修

1 温度的自动调节

如图 5-20 所示,车内温度、蒸发器温度和制冷系统压力等有关信息输入到控制单元(简称 ECU)中,控制单元将获得的信息进行分析、处理,经"模/数"转换后以数字形式向执行装置——鼓风电动机、各风门控制伺服电动机、各控制继电器和显示器等发出控制指令,对车内空气的温度、湿度及流通情况按照预定要求进行调节,调节的结果被反馈到控制单元中进行比较、分析、处理,然后再传递给执行装置,如此进行高速反复调节,直到达到预设定的要求。当车内的热负荷由于车外环境温度升高或太阳辐射增加等原因持续增大,导致车内温度在空调工作的情况下回升时,控制单元会通过延长压缩机的工作时间和提高风机的转速,或者改变压缩机的排量,来改善车内的温度变化。

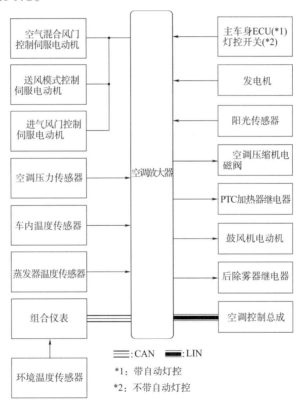

图 5-20　自动空调电控系统的工作示意图

2 换气量的自动控制

当车内温度明显偏高时,控制单元(放大器)会自动控制伺服电动机驱动进气风门,使进气风门位于再循环位置;当车内温度下降至设定值时,再驱动进气风门位于新鲜空气位置,按一定的比例引入车外的新鲜空气。

3 通风模式的自动控制

当汽车空调工作在不同模式时,控制单元(放大器)会控制通风模式控制伺服电动机驱动风门,以开启或关闭对应的风门,如制冷时一般从较高的风口吹出(如中风口),取暖时暖风从较低风口吹出(如下风口),除霜时从除霜口吹出。

4 通风量的自动控制

当车内温度与选定温度相差很大时,鼓风机高速运转,使通风量增加,迅速调节车内温度;一旦达到选定温度,鼓风机则低速运动。当空调由于发动机冷却液温度过低不能充分供暖时,会停止通风,直至温度正常后才通风。

引导问题6 对卡罗拉轿车自动空调压缩机不工作造成无冷风吹出故障进行检修的流程是怎么样的?

自动空调压缩机不工作造成无冷风吹出故障进行检修的流程图如图 5-21 所示。

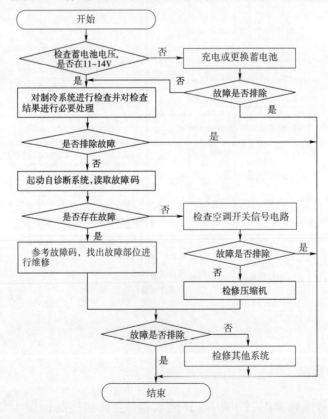

图 5-21　自动空调压缩机不工作造成无冷风吹出故障进行检修流程图

学习任务五　自动空调出风口无冷风故障的检修

卡罗拉轿车自动空调会造成压缩机不工作故障的原因见表5-1。

压缩机不工作的原因分析　　　　　表5-1

故　障	可　疑　部　位
压缩机不工作造成无冷风吹出	制冷剂压力、制冷剂量
	压力传感器电路
	压缩机电磁阀电路
	蒸发器温度传感器电路
	车内温度传感器电路
	环境温度传感器电路
	空调开关信号电路
	空调放大器

二、实 施 作 业

引导问题7　自动空调出风口检修作业需要哪些工具、设备和材料？

（1）万用表、智能测试仪、歧管压力表、套筒、扳手。
（2）磁力护裙、转向盘护套、变速杆手柄套、脚垫、座椅套和干净抹布。
（3）熔断丝、线束和相关传感器。
（4）丰田卡罗拉轿车维修手册。

引导问题8　通过查询和查找，填写以下信息。

生产年份＿＿＿＿＿＿，车辆号牌＿＿＿＿＿＿，行驶里程＿＿＿＿＿＿，发动机型号及排量＿＿＿＿＿＿，车辆识别代号(VIN)＿＿＿＿＿＿。

引导问题9　自动空调出风口检修作业前的准备工作有哪些？

（1）汽车进入工位前，将工位清理干净，准备好相关的器材。
（2）铺设脚垫，套上座椅套、转向盘护套、变速杆手柄套。
（3）拉紧驻车制动器操纵杆，并将变速杆置于空挡或驻车挡(P挡)位置。

(4) 在车内拉动发动机舱盖手柄，在车外打开并支撑发动机舱盖。

(5) 粘贴翼子板和前脸磁力护裙。

引导问题 10 故障检修的方法有看、听、摸、测。在检测前，需对制冷系统进行基本检查。基本检查的内容有哪些？

按照表 5-2 所列出的检查项目进行检查，并对结果进行相应的处理。

制冷系统的基本检查表　　　　　　表 5-2

序号	检查项目	检查条件	检查结果	处理方法
1	空调压力传感器线束接头	不起动发动机	(1) 牢固； (2) 松动或损坏	(1) 正常； (2) 重新安装或更换
2	环境温度传感器线束接头	不起动发动机	(1) 牢固； (2) 松动或损坏	(1) 正常； (2) 重新安装或更换
3	冷凝风扇线束接头	不起动发动机	(1) 牢固； (2) 松动或损坏	(1) 正常； (2) 重新安装或更换
4	冷凝器散热片	不起动发动机	(1) 表面干净且不变形； (2) 表面有异物； (3) 变形	(1) 正常； (2) 清洗； (3) 校正
5	压缩机传动带	不起动发动机	(1) 表面无裂纹、张紧度适中； (2) 张紧度过紧或过松； (3) 表面有裂纹	(1) 正常； (2) 调整张紧度； (3) 更换传动带
6	压缩机电磁阀线束接头	不起动发动机	(1) 牢固； (2) 松动或损坏	(1) 正常； (2) 重新安装或更换
7	各管道接口	不起动发动机	(1) 无油渍或荧光剂； (2) 有油渍或荧光剂	(1) 正常； (2) 检漏
8	高、低压管压力检查	起动发动机、打开空调开关	(1) 高、低压侧压力严重偏低，低于 200kPa； (2) 高、低压侧压力相等	(1) 检漏并加注制冷剂到规定值； (2) 检修压缩机控制电路
9	确认故障	起动发动机、打开空调开关	(1) 间断式的无冷风吹出； (2) 一直无冷风吹出	(1) 冰堵故障，更换储液干燥器； (2) 检修压缩机控制电路

学习任务五　自动空调出风口无冷风故障的检修

引导问题 11　相对于手动空调,自动空调具备故障自我诊断功能。怎样运行自动空调自诊断系统进行故障诊断?

1　进入自诊断

如图 5-22 所示,通过操作图 5-22 所示的各个空调控制开关,可进入诊断检测模式。

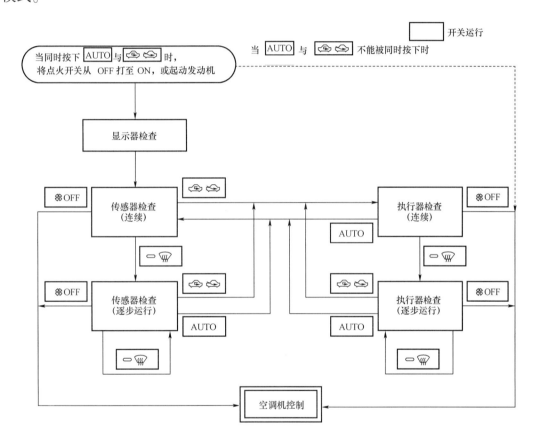

图 5-22　自动空调的自诊断流程

2　指示灯检查

(1)将点火开关置于 OFF 位置。

(2)按住空调控制开关 ⌒AUTO 和 ⌒ 的同时,将点火开关置于 ON(IG)位置。按住 2 个开关,直到出现指示灯,检查屏幕,如图 5-23 所示。

(3)激活面板诊断时,将自动执行指示灯检查,如图 5-24 所示。

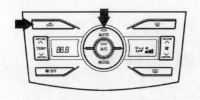

图5-23 开始自诊断

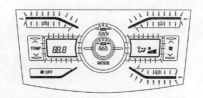

图5-24 指示灯检查

小提示

正常情况下,应是所有指示灯及显示屏上的指示符号以1s的间隔连续闪烁4次,同时蜂鸣器鸣叫40ms。指示灯检查结束后,传感器故障码检查便自动开始。如要取消检查状态,须按下  开关。

③ 传感器检查

(1)指示灯检查完成后,该系统自动进入传感器故障码(DTC)检查状态,如图5-25所示。

小提示

空调微机内存储的故障码由仪表板上的温度显示屏进行数字显示。显示屏显示的故障码有两种:一种是曾经存在但已经排除的故障(历史故障);另一种是目前仍存在的故障(现存故障)。对历史故障只显示其故障码,而对于现存故障,在显示故障码的同时蜂鸣器鸣叫。如果同时存在多个故障,则按代码数字大小,从小到大的顺序依次显示故障码。

(2)读取面板显示的故障码,对照表5-3找出相应故障码的故障含义。

卡罗拉轿车自动空调故障码表　　　　　表5-3

故障码	故障含义	故障码	故障含义
00	正常	41	空气混合风门控制伺服电动机电路断路或短路
11	车内温度传感器断路或短路		
12	环境温度传感器断路或短路	42	进气风门控制伺服电动机电路断路或短路
13	蒸发器温度传感器断路或短路	43	出气风门控制伺服电动机电路断路或短路
14	冷却液温度传感器断路或短路	51	压缩机电磁阀电路断路或短路
23	压力传感器断路或短路 高压侧的制冷剂压力过低或过高	97	总线通信线路故障或开路

(3)如果步骤因自动改变而难以读取,则按 开关可逐步显示步骤,便于读取。每按下 开关时,逐步显示项目,如图5-26所示。

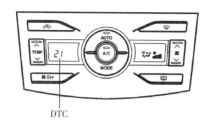
图5-25 DTC显示

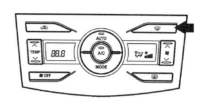
图5-26 传感器逐步显示

小提示

当环境温度为-30℃或更低时,即使空调系统正常,仍可能会有故障码被输出显示。

4 清除DTC

(1)在检查传感器时,同时按下 开关和 开关,如图5-27所示。

(2)重新检查传感器是否输出DTC。

5 执行器检查

(1)进入传感器检查模式后,按 开关,即可进入执行器检查状态,此时,空调微机依次使各电动机和压缩机工作,如图5-28所示。

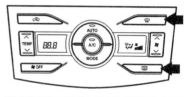
图5-27 清除DTC

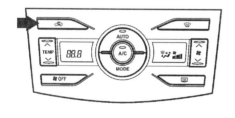
a)进行执行检查

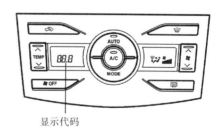
b)显示代码

图5-28 执行器检查模式

(2)当执行器检查以1s的间隔重复执行步骤1~10时,参照表5-4,通过目视和用手检查温度和气流。

执行器检查表　　　　　　　　　表 5-4

步骤号	显示代码	动作状态				
		鼓风机速度等级	通风	进气风门	压缩机作用	空气混合风门位置
1	0	0	吹身	外循环	不工作	0% 开度
2	1	1	吹身	外循环	不工作	0% 开度
3	2	17	吹身	内/外循环	工作	0% 开度
4	3	17	吹身	内循环	工作	0% 开度
5	4	17	吹身/吹脚	内循环	工作	50% 开度
6	5	17	吹身/吹脚	内循环	工作	50% 开度
7	6	17	吹脚	外循环	工作	50% 开度
8	7	17	吹脚	外循环	工作	100% 开度
9	8	17	吹脚/除雾	外循环	工作	100% 开度
10	9	31	除雾	外循环	工作	100% 开度

引导问题 12 经自诊如果故障码(DTC)为 51,表明空调压缩机电磁阀电路有故障,怎样对其进行检修?

(1)空调压缩机电磁阀电路故障检修的工艺流程如图 5-29 所示。

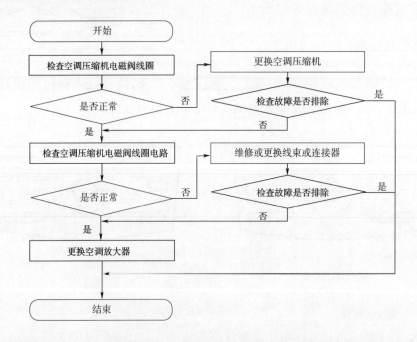

图 5-29　压缩机电磁阀电路故障检修的工艺流程图

(2)检查压缩机电磁线圈。

①断开空调压缩机连接器,如图5-30所示。

②参考图5-30,按照表5-5测量电磁线圈电阻值。

电磁阀线圈标准电阻   表5-5

测量端子	条件	标准值(Ω)	测量值
B9—2(SOL+)—B9—1(SOL-)	20℃	10～11	

③电磁阀线圈电阻测量结果分析:若实际测量的电阻值正常,说明线圈无故障,下一步应进行电磁阀线圈电路检查;若实际测量的电阻值不正常,说明线圈故障,应更换压缩机。

(3)检查空调压缩机电磁阀线圈电路。

①断开空调压缩机连接器。

②断开空调放大器连接器。

③参照图5-31,按照表5-6测量端子间电阻。

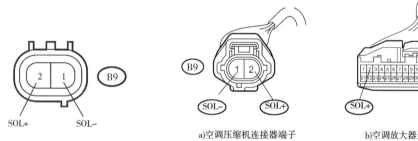

a)空调压缩机连接器端子 b)空调放大器连接器端子

图5-30 断开压缩机连接器　　图5-31 电磁线圈连接器及线束

电磁线圈电路端子标准电阻值   表5-6

测量端子	标准值（Ω）	测量值
B9—1(SOL-)—车身搭铁	<1	
E43—2(SOL+)—B9—2(SOL+)	<1	
E43—2(SOL+)—车身搭铁	1万或更大	

④测量结果分析:若实际测量电阻值正常,说明电磁阀电路正常,出现故障码51的原因只能是空调放大器故障,应更换空调放大器;若实际测量电阻值不正常,说明电磁阀搭铁不良或者电磁阀与放大器之间的线束有故障,应维修、更换相应的连接器或线束。

三、评价与反馈

对学习任务进行评价,考核项目和评分标准见表 5-7。

评 分 表　　　　　　　　　　　表 5-7

考核项目	评分标准	分值	学生自评	小组评价	教师评价	小计
团队合作	是否和谐	5				
活动参与	是否积极主动	5				
安全生产	有无安全隐患	10				
现场 5S 管理	是否做到	10				
任务方案	是否正确、合理	15				
操作过程	制冷系统基本检查 自诊断系统操作 检修电磁阀电路	30				
任务完成情况	是否圆满完成	5				
工具和设备使用	是否规范、标准	10				
劳动纪律	是否能严格遵守	5				
工单填写	是否完整、规范	5				
总分		100				
教师签名:			年　月　日		得分	

四、学 习 拓 展

(1)若检查 DTC 时,测试仪输出 B1411 代码,参考维修手册,制订检修车内温度传感器电路的计划。

(2)若检查 DTC 时,测试仪输出 B1441 代码,参考维修手册,制订检修空气混合风门控制伺服电动机电路并进行更换电动机的工作计划。

（3）对自动空调的电控系统进行维修后，应对自动空调进行初始化。查找资料，写出初始化的步骤。

（4）在进行汽车空调系统的检测维修中，应采取哪些安全措施？

（5）空调无冷风吹出故障有多种原因，参考表5-8，查阅维修手册，针对各种原因制订相应维修方案。

卡罗拉自动空调无冷风吹出故障原因表　　　　　　　　　　　表5-8

序　号	故障原因	序　号	故障原因
1	制冷剂量不足	8	LIN通信电路故障
2	空调压力传感器电路故障	9	冷却器膨胀阀故障
3	压缩机电磁阀电路故障	10	空气混合风门伺服机构故障
4	空气混合风门控制伺服马达电路故障	11	空调线束总成故障
5	蒸发器温度传感器电路故障	12	空调放大器故障
6	车内温度传感器电路故障	13	ECM故障
7	环境温度传感器电路故障		

学习任务六
制冷不足故障的检修

学习目标

完成本学习任务后,你应当能:
1. 根据车主对汽车空调故障现象的描述确认汽车空调故障;
2. 运用所学知识分析汽车空调制冷不足的原因;
3. 查阅维修资料,对汽车空调制冷不足的故障进行检修;
4. 运用所学知识分析汽车空调的典型故障。

建议完成本学习任务的时间为 12 课时。

学习任务描述

  一辆配置了自动空调的丰田卡罗拉 1.8L 轿车,车主反映:空调运行时制冷不足。需要根据车主的描述确认空调故障,并按空调故障诊断流程对故障进行检修。

学习任务六 制冷不足故障的检修

学习内容

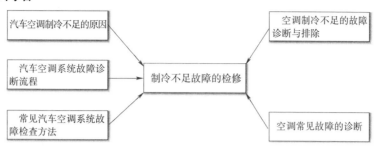

一、资料收集

引导问题 1 汽车空调系统制冷不足有两种可能情况,分别为风量不足的制冷不足与风量正常的制冷不足,导致汽车空调出现制冷不足而又无故障码的原因有哪些?

风量不足、风量正常导致制冷不足的原因如图 6-1 所示。

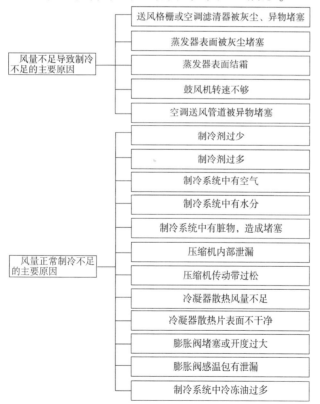

图 6-1 制冷不足的原因(一)

引导问题 2 制冷系统、取暖系统、通风系统和控制系统是汽车空调四大组成部分,以上系统中哪些元件出现故障会造成汽车空调制冷不足呢?

制冷系统、取暖系统、通风系统、控制系统出现故障造成空调制冷不足的原因如图 6-2 所示。

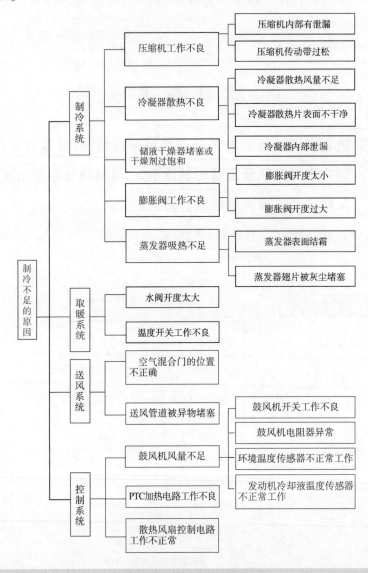

图 6-2　制冷不足的原因(二)

引导问题 3 汽车空调故障诊断检修流程是怎样的?

汽车空调故障分为有故障码故障和无故障码故障,检修流程如图 6-3 所示。

学习任务六 制冷不足故障的检修

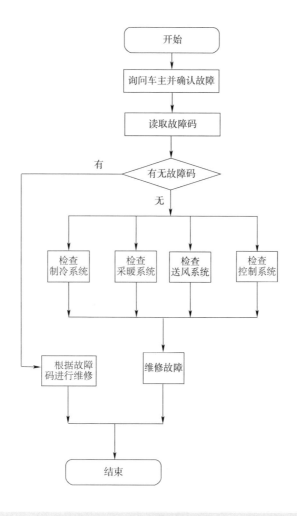

图 6-3 汽车空调故障检修流程

二、实 施 作 业

引导问题 4　作业需要哪些工具、设备和材料？

(1) 万用表、智能测试仪、歧管压力表、套筒、扳手。
(2) 磁力护裙、转向盘护套、变速杆手柄套、脚垫、座椅套和干净抹布。
(3) 熔断丝、线束和相关传感器。
(4) 丰田卡罗拉轿车维修手册。

引导问题 5 通过查询和查找,填写以下信息。

生产年份_____,车辆号牌_____,行驶里程_____,发动机型号及排量_____,车辆识别代号(VIN)_____。

引导问题 6 作业前的准备工作有哪些?

(1)汽车进入工位前,将工位清理干净,准备好相关的器材。
(2)铺设脚垫,套上座椅套、转向盘护套、变速杆手柄套。
(3)拉紧驻车制动器操纵杆,并将变速杆置于空挡或驻车挡(P挡)位置。
(4)在车内拉动发动机舱盖手柄,在车外打开并支撑发动机舱盖。
(5)粘贴翼子板和前脸磁力护裙。

引导问题 7 为了快速而准确地排除故障,维修人员如何了解出现故障时的情景,并确认故障的存在?

倾听顾客对故障的描述以获取了解故障出现时的情形,根据顾客的描述对空调系统进行初检并确认故障的存在。按照表6-1对空调系统初检并作记录。

空调系统检查表 表6-1

故障发生日期		
故障发生频率	□持续　　□间歇(　　次/日)	
天气情况	□晴朗　□多云　□下雪　□多变/其他	
车外温度	□炎热　□温暖　□凉爽　□寒冷(约　　℃)	
症状	空气流量控制故障	□鼓风机电动机不工作 □鼓风机转速不改变 (保持高速或保持中速或保持低速)
	温度控制故障	□驾驶室温度不下降 □驾驶室温度不上升 □温度控制反应迟缓
	进气控制故障	□内外循环空气之间不能改变 (保持在"新鲜空气"或保持在"循环空气")
	通风控制故障	□通风模式不能改变 □不能转换至所需通风模式

学习任务六　制冷不足故障的检修

续上表

诊断码(故障码)	第一次	□正常码	□故障码(　　　码)
调校核实	第二次	□正常码	□故障码(　　　码)
故障现象描述			

引导问题8　通过利用汽车智能诊断仪和空调自诊断系统可以读出故障码,快速找出故障原因,如何读取故障码?

1　检查蓄电池电压

标准电压:11～14V。

如果电压低于11V,在继续操作前,对蓄电池充电或更换蓄电池。

2　利用汽车智能诊断仪读取故障码(DTC)

汽车智能诊断仪有多个品牌,但功能基本相同,都是通过汽车故障诊断口有线或无线连接汽车电子控制单元,读取贮存于其中的故障码。汽车智能诊断仪有对用户友好界面和菜单,操作简单方便。

3　通过自诊断系统读取故障码(DTC)

(1)起动自诊断系统。按住空调控制键 　　　 和 　　　 的同时,将点火开关置于ON位置,直到出现指示灯,检查屏幕,如图6-4所示。

(2)自动执行指示灯检查。指示灯及显示屏上的指示符号以1s的间隔连续闪烁4次,如图6-5所示。

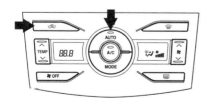
图6-4　开始自诊断

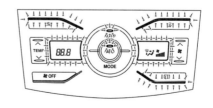
图6-5　指示灯检查

(3)读取故障码。指示灯检查结束后,故障码便开始自动按顺序显示,如图6-6所示。无故障时输出显示为00,按 键可逐个显示故障码,如要结束自诊断状态,按下 ▼OFF 键。

(4)清除故障码。在自诊断状态下,同时按下 ▭ 开关和 ▭ 开关,如图6-7所示。

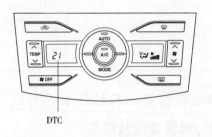

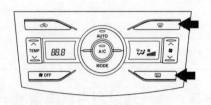

图6-6 读取故障码　　　　图6-7 清除故障码

(5)再次读取故障码。首次读取的故障码可能是历史曾出现而现在已经排除的故障,所以需要清除故障码后再次读取。空调系统故障码见表6-2。

空调系统故障码表　　　　　　　　　　　表6-2

诊断仪故障码/自诊断故障码	检测项目	故障部位
B1411/11	车内温度传感器电路	(1)空调车内温度传感器; (2)空调车内温度传感器和空调放大器之间的线束或连接器; (3)空调放大器
B1412/12	环境温度传感器电路	(1)环境温度传感器; (2)环境温度传感器和组合仪表之间的线束或连接器; (3)组合仪表; (4)CAN通信系统; (5)空调放大器
B1413/13	蒸发器温度传感器电路	(1)空调线束; (2)蒸发器温度传感器; (3)空调放大器
B1423/23	压力传感器电路	(1)压力传感器; (2)压力传感器和空调放大器之间的线束或连接器; (3)空调放大器; (4)膨胀阀(堵塞、卡滞); (5)冷凝器(由于污垢而引起的制冷功能堵塞、失效); (6)冷却器干燥器(制冷剂循环的水分无法吸收);

学习任务六 制冷不足故障的检修

续上表

诊断仪故障码/ 自诊断故障码	检测项目	故障部位
B1423/23	压力传感器电路	(7)冷却风扇系统(冷凝器无法冷却); (8)空调系统(泄漏、堵塞)
B1441/41	空气混合风门控制伺服 电动机电路(乘客侧)	(1)空调放大器; (2)空调线束; (3)空气混合控制伺服电动机
B1442/42	进气风门控制伺服 电动机电路	(1)空调放大器; (2)空调线束; (3)进气控制伺服电动机
B1443/43	出气风门控制伺服 电动机电路	(1)空调放大器; (2)空调线束; (3)出气控制伺服电动机
B1451/51	压缩机电磁阀电路	(1)空调压缩机; (2)空调放大器和外部可变排量压缩机电磁阀之间的线束或连接器; (3)空调放大器
B1497/97	BUS IC 通信故障	(1)空调线束; (2)空调放大器
B14A2	阳光传感器电路(乘客侧)	(1)阳光传感器; (2)阳光传感器和空调放大器之间的线束或连接器; (3)空调放大器
B14B2	与前面板 LIN 失去通信	(1)空调控制总成; (2)连接线束
B14B8	制冷剂量	制冷剂不足
U0100	与 ECM 失去通信	(1)ECM; (2)连接线束
U0131	与电动转向 ECU 失去通信	(1)电动转向 ECU; (2)连接线束
U0142	与主车身 ECU 失去通信	(1)车身 ECU; (2)连接线束
U0155	与组合仪表失去通信	(1)组合仪表; (2)连接线束

引导问题9　如果空调系统自诊后发现不存在故障码,有哪些常见的检查方法?

1 直观检查

1 目视检查

(1)目视检查渗漏部位。所有连接部位或冷凝器表面一旦出现油渍,一般都说明此处有制冷剂渗漏。如果制冷剂渗漏引起制冷剂量不足,最终会导致制冷不足。

(2)目视检查蒸发器、冷凝器表面是否积灰。如果蒸发器、冷凝器表面积灰过多,造成热交换效果不良会导致制冷不足。

(3)通过观察孔检查制冷剂的量,如图6-8所示。将观察到的现象与表6-3对照。观察的前提条件是:起动发动机,打开空调,车门全开,温度设置为 MAX COLD,鼓风机速度为 HI。

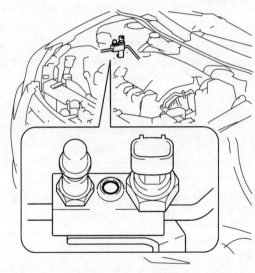

图6-8　观察制冷剂量

观察现象对应制冷剂量　　　　　表6-3

序号	观察现象	制冷剂量
1	有气泡	不足
2	无气泡且压缩机的进气口和出气口没有温差	不足或没有
3	无气泡且压缩机的进气口和出气口有明显温差	适量或过量
4	空调关闭后,制冷剂立即变清澈	过量
5	空调关闭后,制冷剂立即起泡,然后变得清澈	适量

❷ 手感检查温度

用手触摸空调系统管路及部件,感觉表面温度。正常情况下,低压管路应呈低温状态,高压管路应呈高温状态。

(1)高压区:从压缩机出口→冷凝器→储液干燥器→膨胀阀进口处。这一部分是制冷系统的高压区,这些部件表面应该是先热后暖。

(2)低压区:从膨胀阀出口→蒸发器→压缩机进口。这些部件表面应该由凉到冷。

(3)压缩机进口与出口应该有明显的温差,若没有明显温差,则说明几乎没有制冷剂。

❷ 用歧管压力表测高低压管路压力

起动发动机,打开空调,连接歧管压力表测高低压管路压力。正常的压力应该是:高压侧压力为 1.37~1.57 MPa,低压侧压力为 0.15~0.25 MPa。

引导问题10 如果是由于储液干燥器堵塞造成制冷不足,会出现哪些现象,如何检修?

❶ 直观检查结果

运行空调之后,观察到从冷凝器到膨胀阀之间的高压管路有结霜现象,用手触摸冷凝器进口处管路表面,感觉烫手,而出口处管路表面冰冷。

❷ 管路压力测量结果

运行空调之后,用歧管压力表测量管路压力,低压侧和高压侧的压力均低于正常值。

❸ 更换储液干燥器

查阅维修手册,列出更换储液干燥器的操作步骤,并完成储液干燥器更换作业。

引导问题11 导致汽车空调制冷不足且无故障码的原因及相应维修方法有哪些?

(1)空调制冷不足的同时存在通风量不足,故障原因和维修方法见表6-4。

空调制冷不足的同时存在通风量不足的故障原因和维修方法 表6-4

故障原因	维修方法
(1)通风格栅或空调滤清器被灰尘、异物堵塞	(1)除去异物,清洗通风格栅或空调滤清器,使风道通畅
(2)蒸发器表面被灰尘堵塞	(2)定期清除蒸发器上灰尘
(3)蒸发器风机转速不够,造成蒸发器大量结霜,制冷不足	(3)检查风机开关、继电器,或更换风机
(4)空调通风管道被异物堵塞,造成通风量减小、噪声增加	(4)清除管道堵塞物

(2)空调通风量正常但制冷不足,故障原因和维修方法见表6-5。

空调通风量正常但制冷不足的故障原因和维修方法 表6-5

故障原因	维修方法
(1)制冷剂过少,视液镜中有气泡,高、低侧压力都偏低;	(1)检漏、维修,重新加注制冷剂,直至气泡消失,压力读数正确;
(2)制冷剂过多,视液镜中无气泡,停机后变清晰,高、低侧压力均偏高;	(2)回收多余制冷剂;
(3)系统中有空气,视液镜中有气泡,高、低侧压力都过高,压力表抖动厉害;	(3)更换储液干燥器、检漏、反复抽真空,再加注适量的制冷剂;
(4)系统中有水分,工作一段时间后,低压侧压力成真空状,膨胀阀结霜并堵塞,停机后又正常工作,可能是抽真空未彻底或吸入潮湿空气,或制冷剂、冷冻油中含有水分;	(4)更换储液干燥器、检漏、反复抽真空,重新加注制冷剂和冷冻润滑油;
(5)系统中有脏物,低压侧呈现真空,高压侧压力很低,储液干燥器或膨胀阀前后管路上结霜或结露,出风不冷,关机后情况没有改善;	(5)更换储液干燥器及膨胀阀滤网;
(6)压缩机内部有泄漏,低压侧压力过高,高压侧压力过低,压缩机工作时有不正常敲击声;	(6)修理或更换压缩机;
(7)压缩机传动带过松,造成压缩机转速过低,出风不冷,并发出不正常的声音;	(7)张紧传动带或更换传动带;
(8)冷凝器散热风量不足,造成高、低压侧压力均过高;	(8)检查风机转速是否正常,检查风速开关是否正常;
(9)冷凝器散热片被灰尘堵塞,造成高压侧压力过高,散热效果不好;	(9)清理冷凝器上的灰尘
(10)膨胀阀中的滤网堵塞,使压缩机吸气侧压力稍低,排气侧压力稍高;	(10)回收制冷剂,清洗或更换膨胀阀;
(11)膨胀阀开度过大,表现为高、低侧压力都过高,使过多的制冷剂进入蒸发器后不能完全蒸发;	(11)更换膨胀阀;
(12)系统中冷冻润滑油过多,视液镜中有混浊的条纹	(12)放出多余的冷冻润滑油

三、评价与反馈

(1)对学习任务进行评价,考核项目和评分标准见表6-6。

评　分　表　　　　　　　　　　　表6-6

考核项目	评分标准	分值	学生自评	小组评价	教师评价	小计
团队合作	是否和谐	5				
活动参与	是否积极主动	5				
安全生产	有无安全隐患	5				
现场5S管理	是否做到	5				
任务方案	是否正确、合理	15				
操作过程	读取故障码 直观检查 测量管路压力 更换储液干燥器	40				
任务完成情况	是否圆满完成	5				
工具和设备使用	是否规范、标准	10				
劳动纪律	是否能严格遵守	5				
工单填写	是否完整、规范	5				
总分		100				
教师签名:			年　　月　　日		得分	

(2)在实施作业时每一个安全事项都注意到了吗？如没有,找出忽略的地方和原因。

(3)能否向车主简要解释汽车空调制冷不足的原因、故障诊断及排除过程？如不能,请分析原因并提出改进措施。

四、学习拓展

(1) 如果在直观检查时发现膨胀阀有结霜现象,请说说可能是什么故障原因,如何进行进一步检查确认?

(2) 查阅维修手册,列出更换膨胀阀的操作步骤。

(3) 运用所学知识,分析汽车空调不制冷的原因,并制订其诊断步骤。
① 分析汽车空调不制冷的原因。

② 制订汽车空调不制冷的故障检查流程。

参 考 文 献

[1] 林志伟,冯明杰,王海.汽车空调系统维修工作页[M].3版.北京:人民交通出版社股份有限公司,2020.
[2] 王志远,于晓英.汽车空调系统检修[M].北京:人民交通出版社股份有限公司,2020.
[3] 麻有良.汽车空调技术[M].2版.北京:机械工业出版社,2016.
[4] 徐兴振.汽车空调维修指南[M].北京:人民交通出版社股份有限公司,2017.
[5] 吴文琳.新型汽车空调系统检修自学读本[M].北京:中国电力出版社,2009.
[6] 谭本忠.看图学修汽车空调[M].北京:机械工业出版社,2010.